張松輝 注譯

# 新譯无能子

三民書局

國家圖書館出版品預行編目資料

新譯无能子／張松輝注譯.——初版三刷.——臺北市：三民，2023
面； 公分.——(古籍今注新譯叢書)

ISBN 978-957-14-4111-5 (平裝)
1. 哲學—中國—唐(618-907) 2. 道家

124.1 93020343

古籍今注新譯叢書

# 新譯无能子

注譯者 張松輝
發行人 劉振強
出版者 三民書局股份有限公司
地 址 臺北市復興北路 386 號 (復北門市)
臺北市重慶南路一段 61 號 (重南門市)
電 話 (02)25006600
網 址 三民網路書店 https://www.sanmin.com.tw

出版日期 初版一刷 2005 年 1 月
初版三刷 2023 年 1 月
書籍編號 S032700
ISBN 978-957-14-4111-5

# 刊印古籍今注新譯叢書緣起

劉振強

人類歷史發展，每至偏執一端，往而不返的關頭，總有一股新興的反本運動繼起，要求回顧過往的源頭，從中汲取新生的創造力量。孔子所謂的述而不作，溫故知新，以及西方文藝復興所強調的再生精神，都體現了創造源頭這股日新不竭的力量。古典之所以重要，古籍之所以不可不讀，正在這層尋本與啟示的意義上。處於現代世界而倡言讀古書，並不是迷信傳統，更不是故步自封；而是當我們愈懂得聆聽來自根源的聲音，我們就愈懂得如何向歷史追問，也就愈能夠清醒正對當世的苦厄。要擴大心量，冥契古今心靈，會通宇宙精神，不能不由學會讀古書這一層根本的工夫做起。

基於這樣的想法，本局自草創以來，即懷著注譯傳統重要典籍的理想，由第一部的四書做起，希望藉由文字障礙的掃除，幫助有心的讀者，打開禁錮於古老話語中的豐沛寶藏。我們工作的原則是「兼取諸家，直注明解」。一方面熔鑄眾說，擇善而從；一方面也力求明白可喻，達到學術普及化的要求。叢書自陸續出刊以來，頗受各界的喜愛，使我們得到很大的鼓勵，也有信心繼續推廣這項工作。隨著海峽兩岸的交流，我們注譯的成員，也由臺灣各大學的教授，擴及大陸各有專長的學者。陣容的充實，使我們有更多的資源，整理更多樣化的古籍。兼採經、史、子、集四部的要典，重拾對通才器識的重視，將是我們進一步工作的目標。

古籍的注譯，固然是一件繁難的工作，但其實也只是整個工作的開端而已，最後的完成與意義的賦予，全賴讀者的閱讀與自得自證。我們期望這項工作能有助於為世界文化的未來匯流，注入一股源頭活水；也希望各界博雅君子不吝指正，讓我們的步伐能夠更堅穩地走下去。

# 新譯无能子 目次

## 卷中



## 卷下

# 導讀

《无能子》是晚唐時期一部比較重要的道家著作。關於本書的作者、編排、思想及價值，我們有必要作一簡單的介紹。

## 一、作者和本書的編排

關於本書作者的真實姓名和詳細生平，我們知道得非常少。在本書的前面，原有一篇短序，短序對作者及本書的寫作背景有一個簡單的交代。序言的原文如下：

无能子，余忘形友也。少博學寡欲，長於窮理盡性，以至於命。黃巢亂，避地流轉，不常所處，凍餒淡如也。

光啟三年，天子在褒，四方猶兵，无能子寓於左輔景氏民舍，自晦也。民舍之陋，雜處其間，循循如也。晝好臥不寐，臥則筆札一二紙，興則懷之，而不余示。自仲春壬申至季春己亥，盈數十紙，卷而囊之，似有所著者。余竊得之，多記所傳所見，或嘗與昆弟朋友問答之言。其旨歸於明自然之理，極性命之端。自然無作，性命無欲，是以略禮教而外世務焉。知之者不待喻而信，不知者能無罪乎？余因析為篇目，凡三十四篇，編上中下三卷。

自與知之者共之爾。余蓋具審无能子行止中藏，故不述其姓名游宦焉。

根據原序所言，无能子是一位曾經當過官的讀書人，因黃巢兵亂，顛沛流離，輾轉於今陝西一帶，生活很不安定。本書〈答通問〉還說：「无能子貧，其昆弟之子且寒而饑，嗟吟者相從焉。」可見无能子的生活比較貧苦。根據正文的記載，无能子還帶了一些弟子，其中有一些是自己的子侄。但无能子的真實姓名、籍貫、生平事跡等等，我們都已無法知道。就連他的朋友為本書寫序時，也不願透露。所以後來不少有關典籍在介紹《无能子》時，都說作者為無名氏。其實這種說法未必正確，名字由人所定，把「无能子」看作他的姓名也未嘗不可。

本書寫成於唐僖宗光啟三年（西元八八七年）二月至三月期間，而此時正是黃巢兵亂時期，天子逃亡至褒（今陝西省勉縣一帶）以避亂兵。本書的寫作地點在左輔。左輔又叫左馮翊，大約相當於今天陝西省渭河以北、涇河以東、洛河中下游地區。另據本書〈紀見〉說，作者寫作此書時的具體居住地點是秦村，因秦村只是一個村莊的名字（也許只是對秦地村莊的統稱，因陝西省屬古代秦國，故後人又稱陝西省為「秦」，如本書〈紀見〉就統稱這一地區的集市為「秦市」），所以秦村究竟在今天的何處，就無從攷證了。

序文說无能子是躺在牀上寫成此書的，而且比較隨意。這也比較符合道家人物的性格，如果刻意去著書立說，也就不是無為了。但无能子的朋友在編排此書時，還是做了一些整理的。全書共三十四篇（其中缺十一篇），分上中下三卷，而每卷各有偏重。卷上共有十篇，缺四篇。主要是抽象地闡述道家的一些理論。卷中共有十篇，缺一篇。主要記載一些歷史事件，用這些歷史事件來說明道家思想的正確性。卷下共有十四篇，缺六篇。主要記載作者的所見所聞及自己的一些感想體悟。當然，這些所見所聞和感想體悟依然是為闡述道家思想服務的，而不是雜記。可見本書在編排上很有次序，先講抽象理論，再講歷史事實，後講今日所見。在每卷自身的編排上，也不是雜亂無章。如保存比較完整的卷中在記載歷史事件時，是以時間為順序的，從最早的文王說起，接著是伯夷、叔齊、老君、孔子，然後一直到魏晉之交時的孫登。

## 二、思　想

无能子的思想毫無疑問屬於道家思想，這在序文中已有說明：「其旨歸於明自然之理，……是以略禮教而外世務焉。」下面，我們主要從自然觀、政治觀、處世觀三個方面談談无能子的主要思想。

## 第一，自然觀

无能子的自然觀明顯帶有道家的自然主義傾向 。也就是說他否定了上帝創造萬物的觀點。對於萬物的起源，他在〈聖過〉中寫道：

> 天地未分，混沌一炁。一炁充溢，分為二儀。有清濁焉，有輕重焉。輕清者上，為陽為天；重濁者下，為陰為地矣。天則剛健而動，地則柔順而靜，炁之自然也。天地既位，陰陽炁交，於是裸蟲、鱗蟲、毛蟲、羽蟲、甲蟲生焉。

无能子認為天地和萬物都是由氣自然變化而成，因此有學者說他是氣一元論者。但這種說法並不完全正確，因為按照道家的說法，氣在演變為天地萬物時，不是雜亂無章的，而是遵循著一定的規律進行的，而這些規律，就是道家的最高哲學概念——道。《无能子》直接談道的地方不多，〈孫登說〉對道有一個簡單的描述：

> 然而虛無之中，綿綿相循，出入無跡，為天地之根。

道是無形無象、看不見摸不著的，然而它又是永世長存的，是「天地之根」。也就是說，道是產生天地萬物的根源。

至此我們可以看出，无能子認為天地萬物的產生有兩個根源，一是氣，一是道。但這兩個根源並不矛盾，因為氣是產生萬物的物質基礎，而道是產生萬物的原則基礎。比如修建房屋，沒有磚瓦木料等物質作為基礎，就不可能有房屋；但如果只有磚瓦木料，而不懂建房的原則（技術），房屋照樣建不起來。因此，必須有氣與道的結合，天地萬物才有可能逐次出現。因此我們認為，无能子應該說是道氣二元論者。

正是由於這種自然觀，使无能子在觀察自然現象時，能夠具有比較科學的態度。比如他在〈魚說〉中談到龍能「拏雲拽雨」時，就進一步說明，雲雨的形成並非來自龍本身，而是來自「蒸潤之氣」，是自然界事物相互感應的結果。再比如從古到今，人們都認為貓頭鷹的鳴叫會給人們帶來災難，而无能子卻堅決地否定了這一看法。遠在一千多年前的唐代，能夠提出這一類主張，應該說是難能可貴的。

## 第二，政治觀

《无能子》篇幅不長，沒有全面詳細地闡述自己的具體政治主張，但其大致的政治態度還是非常鮮明的。其中有兩點比較突出，一是對人類社會發展的總體看法，二是對當時政治局面的態度。

他對人類社會發展的總體看法，可以用兩句話概括，那就是「知識與道德呈正負發展，而知識與痛苦呈同向發展」。

在无能子看來，人類的最初狀態是最美好的狀態，人們茹毛飲血、男女無別、渾渾沌沌、無憂無慮。而一些所謂的聖人卻不合時宜地出現了，他們發明了農業、房屋、漁獵等等，一步步誘發了人們的欲望；他們又發明了婚嫁禮樂制度，制定貴賤貧富等級，一步步挑起人們的爭奪。可以說，人們的知識越多，人們的欲望也就越多，而強烈的欲望所帶來的自然是道德的日益衰敗，以至於人們為了名利而不顧廉恥。這就是「知識與道德呈正負發展」。

聖人發明各種器物，開發人的知識，主觀目的是為了使人們獲得更多的物質享受，改善人們的物質生活。然而事與願違，聖人在開發人的知識的同時，也極大地「開發」了人的欲望，而由聖人開發知識帶來的物質財富遠遠無法滿足他們「開發」出來的大眾欲望，於是人們就用聖人發明的兵器相互殘殺，用聖人發明的羅網濫捕鳥獸，其結果是人們流離失所，痛苦不堪；就連鳥獸也無暇生兒育女，自然資源逐漸枯竭。由此可見，聖人開發的知識越多，人們的痛苦也就越多，人們的總體生活質量，特別是精神生活質量也就越來越低劣。這就是我們總結出來的「知識與痛苦同向發展」。

无能子最理想的社會，就是人類初期的混沌社會。在這樣的社會裡，沒有君臣等級，沒有約束人心的各種人為的道德倫理觀念。他描寫了自己理想的社會生活景象：

太古時，裸蟲與鱗毛羽雜處，雌雄牝牡，自然相合，無男女夫婦之別，父子兄弟之序。夏巢冬穴，無宮室之制。茹毛飲血，無百穀之食。生自馳，死自仆，無奪害之心，無瘞藏之事。任其自然，遂其天真，無所司牧，濛濛淳淳。（〈聖過〉）

一切都是那樣的純樸，一切都是那樣的祥和，真是一派世外桃源的景象。无能子的理想是美好的，但如何恢復這一社會，卻是一個天大的難題，无能子除了反覆勸告人們之外，實在也找不到恢復這一社會的具體辦法，充其量只能重複一些諸如「治大國如烹小鮮」的大原則而已。事實上，要想使人們重新回到茹毛飲血的社會，是根本不可能的，於是无能子的理想社會也就只能如同世外桃源一樣，可望而不可即了。

无能子對唐末政治局勢的態度，本書沒有明確說明。生活在這樣一個動蕩不安、朝不保夕的社會環境之中，无能子不敢明確表態是可以理解的。但沒有明確表態，不等於沒有表態。《无能子》說：

天下人所共趨之而不知止者，富貴與美名爾。所謂富貴者，足於物爾。……夫物者，人之所能為者也，自為之，反為不為者感之。乃以足物者為富貴，無物者為貧賤，於是樂富貴，恥貧賤，不得其樂者，無所不至。自古及今，醒而不悟。壯哉物之力也！（〈質妄〉）

從這段文字中不難看出无能子對統治者是非常不滿的。物質財富是百姓創造的，而創造財富的百姓卻不能享受自己創造的財富，而不創造財富的統治者卻可以享受這些財富，社會是多麼的不平等啊！无能子接著說，正因為一些人得不到享受財富的樂趣，於是他們就「無所不至」，什麼事情都能幹得出來。這完全是對黃巢兵亂現象的一種解釋。

无能子對統治者不滿，並不意味著他就支持黃巢的行為。實際上他對黃巢一類人的行為也是不滿的，因為在他看來，黃巢起兵同樣是為了爭奪財富，正像他在〈嚴陵說〉中講的那樣：

> 且王莽、更始之有天下，與子（指劉秀）之有天下何異哉？同乎求為中國所尊者爾，豈憂天下者耶？

這實際就是說，無論是唐天子在位，還是黃巢稱帝，都是一樣，因為他們都是為一己之私利在「戰爭殺戮，不知紀極」（〈嚴陵說〉），沒有一個人是真正憂國憂民的人。无能子早就認識到「興，百姓苦；亡，百姓苦」（張養浩〈山坡羊・潼關懷古〉）這一歷史真相。

基於這種政治態度，无能子既不像司空圖、王徽、林慎思等文人那樣在動亂中繼續忠於朝廷，也不像皮日休、劉允章等文人那樣投入黃巢的懷抱，而是遊離於當時激烈的政治、軍事鬥爭之外。因為在他看來，無論是朝廷，還是黃巢，都不過是在為爭奪贓物而爭鬥的一群盜賊而已，都無正義可言。於是他就做了一個獨善其身的人，袖手旁觀去了。

## 第三，處世觀

无能子的處世觀基本上是由他的自然觀和政治觀決定的。我們這裡只談其處世觀中的主要幾點。

一、物我為一。既然天地萬物都是由氣形成的，那麼就說明人與萬物沒有本質的區別。雖然古今許多人都在論證萬物之中「人為貴」的觀點，但我們更傾向於无能子的看法。人們固然能夠找到人與其他動物的種種不同，但我們認為這些不同都不是本質性的，也就是說，這些不同不是質的不同，而只是量的不同。人有智慧，動物也有智慧，只不過人的智慧比動物的智慧多一些而已；人有道德原則，而動物同樣也有自己的道德原則，只不過人的道德原則比動物的道德原則制定得更為明確、更為繁瑣而已。如此等等。正是由於无能子具有物我為一的思想，所以他才能更為主動地去愛護其他動物（見〈紀見〉第二部分、〈固本〉第一部分等）。

二、淡泊名利。按照原序的說法，似乎无能子從小就是一位寡欲之人。其實，清靜寡欲、淡泊名利不僅是一個性格問題，更是一個人生價值觀的問題。道家認為，追求名利不僅會同別人發生衝突，給自己帶來危險，而且還會使自己整天處於一種煩躁不安的心境之中。也就是說，追求名利會給自己身心帶來雙重的不利影響。除了這些原因之外，无能子更認為追求名利本來就不符合人的自然天性，是所謂的聖人後天有意或無意教育的結果，這就從更高的哲學層面否定了名利的價值。

三、重視精神自由。從莊子開始，道家就注重精神上的自由，无能子也是如此。所謂的精神自由也就是精神解脫。一個人一旦做到了精神解脫，超越了塵世，那他就不會有任何煩惱。无能子用來解脫精神的辦法就是他文中反覆強調的「無心」。「無心」就是內心極度的虛靜，做到「無邪無正，無是無非，無善無惡，無功無罪」〈宋玉說〉，一切想法和概念都不存在於心中。既然心中無任何主觀意念，自然也就不會有什麼憂愁了。

四、逃避世務。不滿現實、淡泊名利的結果自然是逃避世務。我們前面講過，既然無論是統治者還是反叛者，其真實目的都是為了名利，那麼无能子就只能當一個旁觀者。他還感歎說：「還其元而無所生者，舉世無一人焉。」〈固本〉整個天下也難找到一位清靜無欲的知音，那麼无能子唯一的選擇就只能是逃避，他不僅需要「避地」，更需要「避人」。這是世人的悲哀，更是无能子本人的悲哀。无能子逃避現實的思想比較集中地體現在〈宋玉說〉中，當我們面臨諸多困苦時，不妨從中尋找一些可供參考的處世方法。

如何處世是一個非常複雜的問題，由於個性、所受教育、成長環境等因素的不同，人們會有不同的處世原則，而處世原則說到底就是人生價值觀。人生價值觀如同人的嗜好一樣，只要不去損害別人，我們就很難說某種嗜好是正確的，某種嗜好是錯誤的。无能子的處世原則也只能說是各種處世原則中的一種，也只能僅供我們參考。

## 三、本書的價值

關於本書的價值，《四庫全書總目提要・子部・道家類》說本書「詞旨頗淺」，認為它從語言到內容都很淺薄。其實這只是儒生的一種偏見。應該說，本書是很有價值的，不然它也就不可能流傳至今了。

### 第一，思想價值

從思想方面看，本書的價值不在於創新，而在於它進一步擴大了道家思想的影響。本書的主要思想都可以從此前的道家著作中找到它的源頭，特別是《莊子》一書，對《无能子》的影響極大。同《莊子》相比，《无能子》的最大優勢在於它的文字曉暢，這對於推廣道家思想自然是大有裨益的。

我們說本書思想創新較少，並不等於說它就沒有創新。比如屈原一心要做到忠信，但當自己做到了忠信之後又為此而悲傷，於是宋玉就批評他是「兼失其妄心者」（〈宋玉說〉）。追求世俗忠信原則本來就是一種「妄心」，有了這種「妄心」卻又為這種「妄心」而悲哀，自然是「兼失其妄心」，是悲哀中的悲哀。文中的邏輯分析雖然不能說是完全周密，但這種「更進一步」的理論闡述方法確實能使讀者有一種「山窮水盡」後的「柳暗花明」之感。另外，无能子認為生命在於精神，不在於肉體，精神是不死的，因而人是不死的。還有對伯夷、叔齊的批評等等，其見解都有一定的獨到之處。

## 第二，文學價值

《无能子》雖然是一部哲學著作，但在文學方面也取得了一定的成就。主要表現在：

一、語言生動曉暢，說理透徹深刻。本書的許多思想與《莊子》相似，但它所使用的語言比《莊子》要易懂得多，使讀者更容易接受。本書的這一特點是時代使然，因為唐代比先秦更接近於今天，同時也得力於作者駕馭語言的能力。本書不僅語言生動，而且說理也很透徹，如范蠡在反駁文種把自己的行為與天地相比時，以「無心」為標準，三言兩語就清楚地揭示了文種行為與天地行為的本質不同。

二、善於使用寓言故事去說明道理。本書大有先秦諸子，特別是《莊子》的寫作遺風，就是善於用生動有趣的故事來說明深奧的哲理。本書除了卷上之外，其他兩卷基本上都是在用故事說理，其中有一些故事本身就是一篇優秀的文學作品。如〈鴆說〉，這個故事假借鴆與毒蛇的辯爭以說明「無心」的道理，情節結構非常巧妙，表達方式生動活潑，使讀者能夠在愉快的閱讀中獲得深刻的思想啟發。

三、多使用對比手法。本書還有一個很大的特點，就是比較廣泛地使用對比手法。如卷中的歷史故事，故事中的人物基本上都是由對立雙方相互辯駁，以世俗的理論去反襯道家理論的正確性。卷下基本也是如此，只不過把歷史人物換作了當時的人物或是一些動物而已。即便是在卷上的抽象說理中，也處處可見對比手法的運用，如〈聖過〉就把人類發展各個時期的情況作對比，把人與動物作對比，把關於人與動物之間是否有區別的不同觀點作對比，作者就是在對比之中來闡明自己的觀點。

四、篇幅短小。篇幅短小不僅是本書的一個特點，也應該視為本書的一個優點，因為篇幅短小，讀者讀起來既不費時，又不費力。這種短小的篇幅能夠吸引更多的讀者。

《无能子》的文學成就遠不止以上所述的幾點，比如它的對話形式、擬人手法、比喻手法等等，都清楚地顯示了作者的文學修養和本書的文學色彩。

## 第三，史料價值

本書的史料價值主要體現在兩個方面，一是它展示了晚唐時期知識分子對待政治的第三種態度，二是它保存了一些唐代以前的史料。

晚唐時期，黃巢起兵，社會陷入了極大的混亂。人們在研究這一時期知識分子的政治態度時，往往只注意支持朝廷和支持黃巢這兩種截然不同的態度，而忽略了當時還存在著否定雙方的知識分子。本書清楚地描述了這一類知識分子的政治態度和他們採取這一態度的思想基礎，這就為我們研究古代知識分子的思想狀況提供了第一手資料。

本書還保留了一些唐代以前的珍貴史料，如〈宋玉說〉。關於宋玉的為人，是一個頗有爭議的問題。五十年代，就曾為他是「硬骨頭」還是「軟骨頭」的問題而引發了學術界的一場大辯論，這場辯論最終也沒有得出一個一致的意見（見作家出版社西元一九五七年版《楚辭研究論文集》）。如果我們讀了〈宋玉說〉就會明白，宋玉之所以沒有能夠像屈原那樣犯顏直諫，原因不在於他的骨頭軟硬，而在於他的人生觀、在於他的處世態度。考慮到本書卷中其他歷史故事均為真實的歷史事件，考慮到作者能夠看到我們今天已經無法看到的古籍，再參考其他有關宋玉的史料及宋玉本人的作品，我們認為〈宋玉說〉的記載可信，因此其提供的史料是很珍貴的。

我們奉獻給讀者的這本《新譯无能子》以正統《道藏》中的《无能子》為底本，又參考了其他一些版本，除訂正了個別明顯的誤字之外，其他均保持原貌。《无能子》向無詳細注釋，更無譯文，因此本書的注釋和譯文可能會有很多不當之處，期待讀者教正。

張松輝

西元二〇〇四年二月十二日於岳麓書院

# 卷上

# 聖過第一

【題解】聖過，聖人的過錯。聖，聖人。指世俗人所說的聖人。過，過錯。本篇認為，人類本來與其他動物一樣無知無欲，而聖人卻發明了農耕、房屋、美食等以誘發人們的欲望，然後又用禮儀制度去約束人們，又用刑法、戰爭去殘害人們。如今人們爭名奪利，戰亂四起，民不聊生，而這一切全是所謂的聖人們的過錯。

天地未分，混沌一炁❶。一炁充溢❷，分為二儀❸。有清濁❹焉，有輕重❺焉。輕清者上，為陽為天；重濁者下，為陰為地矣。天則剛健而動❻，地則柔順而靜，炁之自然也。天地既位❼，陰陽炁交，於是裸蟲❽、鱗蟲❾、毛蟲❿、羽蟲⓫、甲蟲⓬生焉。人者，裸蟲也，與夫鱗毛羽蟲俱焉，同生天地，交炁⓭而已，無所異也。

【章旨】本章描述了元氣產生天地萬物的過程，指出人是生物的一種，與鳥獸魚蟲沒有什麼不同。

【注釋】❶混沌一炁　混混沌沌地只有一種元氣。混沌，形容元氣未分的樣子。炁，同「氣」。這裡指元氣。古人認為，在天地萬物沒有產生之前，整個宇宙都是元氣。❷充溢　充沛；充滿。❸二儀　指天和地。❹清濁　清氣和濁氣。❺輕重　輕氣和重氣。❻天則剛健而動　上天是剛健有力而不停運動的。古人觀察日月星辰不停運動，故有此說。❼既位　各安其位以後。既，終了；已經。❽裸蟲　泛指沒有羽毛鱗甲的動物。如人類。❾鱗蟲　泛指長有鱗甲的動物。如魚類。❿毛蟲　泛指長毛的獸類。⓫羽蟲　泛指生有羽毛的鳥類。⓬甲蟲　泛指長有甲殼的動物。⓭交炁　指陰陽二氣相互交合。

【語譯】天和地還沒有分離的時候，到處是一片混混沌沌的元氣。待到元氣十分充沛時，便開始分離為天和地。元氣中有清氣和濁氣，還有輕氣和重氣。又輕又清的氣向上昇騰，便成為陽氣，形成上天；又重又濁的氣向下降落，便成為陰氣，形成大地。上天是剛健有力而不停運動的，而大地則是柔順而安靜的，這是陰陽二氣的自然本性。天地各安其位以後，地上的陰氣和天上的陽氣相互交合，於是各種裸蟲、鱗蟲、毛蟲、羽蟲、甲蟲便開始產生了。人，屬於裸蟲，與那些鱗蟲、毛蟲、羽蟲一起，共同生活於天地之間，都是陰陽二氣相互交合的產物而已，沒有什麼不同。

或謂❶有所異者，豈非乎人自謂異於鱗羽毛甲諸蟲者？豈非乎能用智慮耶？言語耶？夫自鳥獸迨❷乎蠢蠕❸，皆好生避死，營❹其巢穴，謀其飲啄，生育乳養❺其類而護之，與人之好生避死，營其宮室，謀其衣食，生育乳養其男女而私之❻，無所異也。何可謂之❼無智慮耶？夫自鳥獸迨乎蠢蠕者，號鳴啅噪❽，皆有其音，安知其族類之中非語言耶？人以不喻❾其音，而謂其不能言。又安知乎鳥獸不喻人言，亦謂人不能語言耶？則其號鳴啅噪之音，必語言爾。又何可謂之不能語言耶？智慮語言，人與蟲一也，所以異者，形質❿爾。夫鱗毛羽甲中，形質亦有不同者，豈特止⓫與人不同耶？人之中，形質亦有同而異者、異而同者，豈特止與四蟲之形質異也？嗟乎⓬！天與地，陰陽氣中之巨物爾。裸鱗羽毛甲五靈⓭，因巨物合和之炁，又物⓮於巨物之內，亦猶江海之舍⓯魚鱉、山陵之包⓰草木爾。

【章　旨】本章從智慧、語言等方面進一步論證了人與其他動物沒有本質區別的觀點，反駁了人與其他動物不同的看法。

【注　釋】❶或謂　有人認為。或，有人。謂，說；認為。❷迨　至；到。❸蠢蠕　軟體小蟲。如蚯蚓等。蠢，蟲蠕動的樣子。蠕，軟體小蟲。❹營　營造。❺乳養　生育養活。乳，生子。❻私之　偏愛自己的子女。私，偏愛。之，指子女。❼之　代指其他動物。❽啅噪　泛指蟲鳥鳴叫。❾喻　明白；懂得。❿形質　形體。⓫特止　僅止；僅僅只有。⓬嗟乎　感歎詞。⓭五靈　五種生物。靈，生靈；生物。⓮物　用作動詞。作為事物而生存。⓯舍　居住；生活。⓰包　包含著。引申為生長著。

【語　譯】有人認為人與其他動物有所不同，這難道不是人自己在認為自己不同於鱗蟲、羽蟲、毛蟲、甲蟲等各類動物嗎？難道不就是自認為能使用智慧嗎？能使用語言嗎？從飛鳥走獸到軟體小蟲，都知道愛惜生命躲避死亡，知道營造各自的巢穴，謀取各自的飲食，知道生育各自的後代並愛護各自的後代，這與人們愛惜生命躲避死亡、營造自己的房屋、謀取自己的衣食、生兒育女並偏愛自己的兒女，沒有任何不同之處。怎麼能說其他動物沒有智慧呢？從飛鳥走獸到軟體小蟲，呼號鳴叫，都能發出各自的聲音，怎能知道在各種同類動物之中，這些聲音就不是語言呢？人們因為聽不懂牠們的聲音，就認為牠們不能使用語言。我們又如何知道鳥獸不會因為聽不懂人的語言，也認為人不能使用語言呢？那麼這說明鳥獸呼號鳴叫的聲音，肯定也是牠們的語言。又怎麼能夠說牠們不能使用語言呢？在智慧、語言方面，人與其他動物是一樣的，不同之處，不過是形體而已。然而在那些鱗蟲、毛蟲、羽蟲、甲蟲之間，形體也有所不同，難道僅僅只是與人的形體不同嗎？即使在人與人之間，形體也有大同而小異或大異而小同的，難道僅僅只是與鱗蟲、毛蟲、羽蟲、甲蟲四類動物的形體不同嗎？嗟乎！天和地，是陰陽二氣之中的巨大物體。裸蟲、鱗蟲、羽蟲、毛蟲、甲蟲五種生物，因為上天的陽氣和大地的陰氣交合而產生，是生存於天地這一巨大物體之間的物體，這就好像魚鱉生活於江海之內、草木生長於山陵之中一樣。

所以太古[1]時，裸蟲與鱗毛羽雜處，雌雄牝牡[2]，自然相合[3]，無男女夫婦之別，父子兄弟之序。夏巢冬穴[4]，無宮室之制。茹毛飲血[5]，無百穀之食。生自馳[6]，死自仆[7]，無奪害[8]之心，無瘞藏[9]之事。任其自然，遂其天真[10]，無所司牧[11]，濛濛淳淳[12]，其理也居且久[13]矣。無何[14]，裸蟲中繁[15]其智慮者，其名曰人，以法限[16]鱗毛羽諸蟲，又相教播種以食百穀，於是有耒耜[17]之用。構木合土以建宮室，於是有斤斧之功[18]。設婚嫁以析[19]雌雄牝牡，於是有夫婦之別，父子兄弟之序。為棺槨[20]衣衾[21]以瘞藏其死，於是有喪葬之儀。結罝罘[22]網羅以取鱗毛羽諸蟲，於是有刀俎之味[23]。濛淳以之散[24]，情意以之作[25]。然由自彊自弱[26]，無所制焉[27]。繁其智慮者，又於其中擇一[28]以統眾，名一為君，名眾為臣。一可役眾，眾不得凌一[29]，於是有君臣之分，尊卑之節，尊者隆[30]，眾者同。

【章　旨】本章描述了人類發展的第一個大階段，即從蒙昧的原始狀態發展到設置禮儀、安排君臣的文明社會。

【注　釋】❶太古　遠古。❷牝牡　與「雌雄」同義。牝，雌性鳥獸。牡，雄性鳥獸。❸相合　指雌雄交配。❹夏巢冬穴　夏天住在樹巢上，冬天住在洞穴裡。巢，用作動詞。住在樹巢上。遠古人為躲避野獸侵害，在樹上構巢而居。穴，用作動詞。住在洞穴裡。❺茹毛飲血　連毛帶血地生食鳥獸。指遠古人不知道熟食。茹，喫。❻生自馳　活著時自然而然地四處奔走。❼死自仆　死後就自然而然地僵臥在地。仆，倒在地上。❽奪害　奪財害人。❾瘞藏　埋藏死人。❿遂其天真　順應著自己的天然真性。遂，順。⓫司牧　管理；治理。⓬濛濛淳淳　形容渾沌淳樸的樣子。⓭其理也居且久　他們生活安定，壽命長久。理，治；安定。唐朝人避高宗李治諱，以「理」代「治」。居，生活。⓮無何　不久。⓯繁　多。⓰限　限制；控制。⓱耒耜　古代用來耕地的農具。類似今天的犁。⓲斤斧之功　削砍修建之類的事情。斤，斧頭一類的工具。功，事。⓳析　分別；區分。⓴棺槨　棺材。古代棺材分兩層，內棺叫棺，外棺叫槨。㉑衾　被子。㉒罝罘　捕獸的網。㉓刀俎之味　泛指各種烹調的美味。俎，切肉或菜時墊在下面的砧板。㉔濛淳以之散　淳樸的天性因此而失去。濛淳，指淳樸的天性。以之，因此。散，散失；失去。㉕作　產生。㉖然由自彊自弱　然而那時的人們還是強壯的自然強壯，弱小的自然弱小。由，通「猶」。依然是；還是。㉗無所制焉　沒有什麼人去治理他們。制，控制；治理。焉，代指人們。㉘擇一　選擇一個人。㉙凌一　凌駕於這一位君主之上。㉚隆　高；高貴。

【語　譯】因此在遠古的時候，裸蟲與鱗蟲、毛蟲、羽蟲生活在一起，男女雌雄，自然交配，沒有男女夫婦的區分，也沒有父子兄弟的秩序。他們夏天住在樹巢上，冬天住在洞穴中，沒有建造什麼房屋住室。他們連毛帶血地生喫禽獸，沒有種植百穀以作為食物。他們活著時自然而然地四處奔走，死後自然而然地僵臥在地，沒有奪財害人之心，也沒有埋葬死人一類的事情。他們任由自己的自然本性發展，順應自己的天然真性生活，沒有任何人去管轄他們，大家都渾渾沌沌十分淳樸，所以他們生活安定壽命長久。過了不久，在裸蟲中有一種智慧較多的生物，名字叫作「人」，人用各種辦法控制鱗蟲、毛蟲、羽蟲等其他各類動物，又互相教會種植莊稼以食用糧食，於是就出現了耒耜這一類的農具。人們還搭構木材，揉合泥土以修建房屋，於是就出現了砍削修築之類的事情。人們又設置了婚嫁制度以區分男女，於是就有了夫婦的分別，有了父子兄弟的長幼秩序。人們還製造了棺槨衣被，以埋葬那些死去的人，於是就有了喪葬禮儀。人們還編織各種羅網以獵取鱗蟲、毛蟲、羽蟲等各種動物，於是就有了經過精心烹調的各種美味。人們的淳樸天性因此而喪失，人們的各種好惡情感也因此而產生。然而此時的人們還是強壯的自然強壯，弱小的自然弱小，沒有任何人去統治、管理他們。後來在智慧較多的人類之中，人們又推選出一個人來統領大家，這個人就被叫作「君主」，而大家都被稱為「臣民」。這一位君主可以役使眾多的臣民，而眾多的臣民卻不可以凌駕於這位君主之上，於是就有了君臣的分別，有了尊卑的禮節，尊貴的人高高在上，而眾多的臣民卻是一樣的卑下。

降及後世，又設爵祿以升降其眾❶，於是有貴賤之等用其物❷，貧富之差得其欲❸，乃謂繁智慮者為聖人。既而❹賤慕貴，貧慕富，而人之爭心生焉。謂之聖人者憂之，相與❺謀曰：「彼始濛濛淳淳，孰謂之人？吾彊名之曰人，人蟲乃分。彼始無卑無尊，孰謂之君臣？吾彊建之，乃❻君乃臣。彼始無取無欲，何謂爵祿？吾彊品之❼，乃榮乃辱。今則醨真淳❽、厚嗜欲而包❾爭心矣。爭則奪，奪則亂，將如之何？」智慮愈❿繁者曰：「吾有術⓫焉。」於是立仁義忠信之教、禮樂之章以拘之⓬。君苦⓭其臣曰苛，臣侵其君曰叛，父不愛子曰不慈，子不尊父曰不孝，兄弟不相順為不友不悌⓮，夫婦不相一為不貞⓯不和。為之者為非，不為之者為是⓰。是則榮，非則辱，於是榮是恥非之心生焉，而爭心抑⓱焉。

【章　旨】本章認為，後來的聖人又把普通民眾劃分為不同等級，從而使人們產生了爭奪之心，於是聖人又制訂了禮樂制度，使人們的爭奪之心得到了抑制。

【注　釋】❶升降其眾　把一些民眾的地位提高，把一些民眾的地位降低。❷於是有貴賤之等用其物　於是就有了貴賤的等級差別，並根據等級差別來享用財物。❸得其欲　去滿足各自的欲望。❹既而　不久；後來。❺相

與 一起；共同。❻乃 於是。❼品之 為他們劃分等級。品，等級。用作動詞。劃分等級。之，指民眾。❽醨真淳 削弱了人們的真實淳樸的本性。醨，味道淡薄的酒。用作動詞。沖淡；削弱。❾包 胸懷。❿愈 更加。⓫術 辦法。⓬拘之 約束人們。拘，約束。⓭苦 殘害。⓮不友不悌 兄長不愛護弟弟，弟弟不順從兄長。友，兄弟之間關係好叫「友」。悌，弟弟順從兄長叫「悌」。⓯貞 婦女堅守婦道叫「貞」。⓰是 正確。⓱抑壓抑；抑制。

【語 譯】發展到後世，又設置了爵祿，以此來提高一部分人的地位，降低另一部分人的地位，於是就有了貴賤等級之分，並根據貴賤等級來享用財物；於是還有了貧富差別，並想以此來滿足各自的欲望。而且還把那些智慧較多的人叫作「聖人」。此後不久，地位卑賤的人就開始羨慕地位高貴的人，貧窮的人就開始羨慕富有的人，而人們的爭奪之心也就產生了。被叫作「聖人」的人很擔憂這種現象，他們聚在一起商議說：「人們剛開始時渾渾沌沌的十分淳樸，誰又知道要把人叫作『人』呢？而我們硬是要給他們起個名字叫作『人』，於是把人與其他動物區分開來。人們剛開始時沒有卑賤和高貴之別，誰知道要把某人叫作『君主』而把其他人叫作『臣民』呢？而我們硬是要設置君臣之位，於是就有了君主、有了臣民。人們剛開始時沒有什麼追求也沒有什麼欲望，誰又知道什麼叫作『爵祿』呢？而我們硬是要把人們劃分為不同的等級，於是就有了榮耀和羞恥。如今人們的真樸天性消弱了，嗜好欲望增多了，而且產生了爭奪之心。有了爭奪之心就會有爭奪的行為，有了爭奪的行為就會天下大亂，我們該怎麼辦呢？」其中智慧更高的聖人就說：「我有辦法解決。」於是就安排了關於仁義忠信的教化和禮樂制度以約束人們。君主殘害他的臣民就叫作「苛政」，臣民侵害他們的君主就叫作「反叛」，父母不愛護子女就叫作「不慈」，子女不尊敬父母就叫作「不孝」，兄弟之間不友愛就叫作「不友不悌」，夫婦之間不團結就叫作「不貞不和」。做了這類事情的被視為錯誤，不做這類事情的被視為正確。做正確事情就榮耀，幹錯誤事情就羞恥，於是人們又產生了樂於正確而羞於犯錯的心理，而人們的爭奪之心得到了暫時的抑制。

降及後代，嗜欲愈熾❶，於是背仁義忠信、踰❷禮樂而爭焉。謂之聖人者悔之，不得已乃設刑法與兵❸以制之，小❹則刑之，大❺則兵❻之。於是縲紲桎梏鞭笞流竄之罪充於國❼，戈鋋弓矢❽之伐充於天下，覆❾家亡國之禍綿綿不絕，生民❿困貧夭折之苦漫漫⓫不止。

【章　旨】本章指出，再向後世發展，連禮樂教化也不起作用了，於是就出現了刑罰和戰爭，人們從此陷入了痛苦的深淵。

【注　釋】❶熾　火燒得旺。比喻欲望強烈。❷踰　超過；違背。❸兵　兵器。代指軍隊。❹小　小規模的犯罪。小，指人少。❺大　大規模的犯罪。大，指人多。❻兵　軍隊。用作動詞。用軍隊去討伐。❼於是縲紲桎梏鞭笞流竄之罪充於國　於是坐監獄的、戴刑具的、受鞭打的、被流放的罪犯充滿了國家。縲紲，囚禁。桎梏，泛指刑具。拘束犯人兩腳的刑具叫「桎」，木製的手銬叫「梏」。笞，用竹板、荊條抽打。流竄，流放。❽戈鋋弓矢　四種兵器名。代指軍隊。鋋，小矛。矢，箭。❾覆　顛覆；滅亡。❿生民　百姓。⓫漫漫　無休無止的樣子。

【語　譯】再發展到後世，人們的欲望更加強烈，於是背棄仁義忠信、超越禮樂制度而爭名奪利。那些被稱為「聖人」的人們為自己提倡仁義、制訂禮樂的作法後悔不已，於是迫不得已又設立了刑法和軍隊去制止爭奪的人們，對於小規模的犯罪就用刑法去懲罰他們，對於大規模的犯罪就用軍隊去討伐他們。於是坐監獄、戴刑具、受鞭打、被流放的罪犯便充滿了國家，使用軍隊的討伐戰爭便充滿了天下，國破家亡的災禍綿綿不絕，百姓所遭受的窮困夭折等痛苦無休無止。

嗟乎！自然而蟲之❶，不自然而人之❷。彊立宮室飲食以誘其欲，彊分貴賤尊卑以激其爭，彊為仁義禮樂以傾其真❸，彊行刑法征伐以殘其生，俾逐其末而忘其本❹，紛❺其情伐其命，迷迷相死❻，古今不復❼，謂之聖人者之過❽也。

【章　旨】本章總結全篇，指出百姓受苦、國家動亂，都是聖人提倡仁義、制訂各種規章制度造成的。

【注　釋】❶自然而蟲之　順應自然本性而生活的動物被叫作「蟲」。蟲，用作動詞。叫作「蟲」。作者認為鱗、毛、羽、甲等動物是順其自然而生活的。❷不自然而人之　沒有順應自然本性而生活的卻被叫作「人」。人，用作動詞。叫作「人」。作者認為人的生活方式是違背自然的。❸傾其真　戕害人的自然真性。傾，傾覆；戕害。❹俾逐其末而忘其本　使人們追逐名利富貴而忘卻了自己的天然本性。俾，使。末，次要的。指名利富貴。本，根本的東西。指天然的淳樸本性。❺紛　亂。❻迷迷相死　大家都糊糊塗塗地走向死亡。迷迷，迷亂糊塗的樣子。相，都；共同。❼古今不復　從古至今再也無法恢復人的淳樸天性和美好生活了。❽過　過錯。

【語　譯】嗟乎！順應自然本性生活的動物被叫作「蟲」，而沒有順應自然本性生活的動物卻被叫作「人」。聖人們硬是修建了房屋住室、提高了飲食標準以引誘人們的欲望，硬是劃分貴賤尊卑等級以激起人們的爭奪之心，硬是要提倡仁義、制訂禮樂以戕害人們的淳樸真性，硬是要推行刑法、發動戰爭以殘害人們的生命，使人們都去追逐名利富貴而忘卻自己的天然本性，搞亂了人們的真實性情而傷害了人們的生命，使人們都糊糊塗塗地走向死亡，從古至今再也無法恢復人的淳樸天性和美好生活，而這一切都是那些被稱為「聖人」之人的過錯啊！

【研　析】本篇可以說是一部人類的發展簡史。作者從渾然一體的元氣講到天地、萬物的形成，又在萬物形成之後，著重分析了人類的發展。作者認為，從總體上講，由於所謂的「聖人」的作用，人類的知識越來越豐富，而道德卻越來越衰敗。我們可以杜撰一句話，把作者的這種歷史觀概括為「人類知識與道德的正負發展」。

我們先看人類知識的「正發展」。人類剛剛出現時，與其他動物沒有太大區別，只知道像其他動物那樣尋求簡單的生活物品，夏居樹巢，冬住洞穴，茹毛飲血，男女無別，渾渾沌沌，無思無慮，自然而然地活著，自然而然地死去，人人都無奪財害人之心。後來出現了一些聰明的聖人，發明了農業、房屋、狩獵、熟食等等，還設立了婚嫁之禮、喪葬之儀以及長幼之序。再到後來，又推選了一位叫做「君主」的人來統領眾人，並且根據某種條件把眾人也分出貴賤等級，以便更好地協調人類的生產活動。由於人們的知識越來越多，生產的財富也就越來越多。由於知識的作用，人類的總體生活水平的確是提高了。這就是我們說的「人類知識的正發展」。

其次我們看人類道德的「負發展」。在混沌蒙昧的遠古時代，由於人性的淳樸，也由於財物的匱乏，人們的欲望並不大，因而也就沒有太多的爭奪。但隨著人類所獲得的財富越來越多，也由於貴賤等級的劃分，人們所分配到的財富就不相同，於是在人們之間，不僅有了貴賤的差別，而且也有了貧富的差別。高貴地位給人帶來的榮耀，豐厚財物給人帶來的享受，不能不使貧賤之人產生羨慕之情，羨慕之情自然會誘發爭奪之心，而爭奪之心勢必會形成爭奪的行為，於是天下開始混亂起來。為了阻止人們的爭奪，所謂的「聖人」們又制定了仁義忠信、禮義廉恥等道德規範以約束人們。剛開始，這些規範還能夠起到一定的作用，但隨著人們欲望的不斷膨脹，這些非強制性規範也就慢慢失去了約束作用。於是「聖人」不得已又發明了刑法和軍隊，人們從此開始相互殺戮，陷入了痛苦的深淵。此時的人們不僅失去了淳樸的本性，就連起碼的道德原則也沒有了。這就是我們說的「人類道德的負發展」。

作者的這些看法不是沒有道理，由於物質財富的越來越豐富，人們的物質欲望也就越來越強烈，仁義道德觀念也就越來越淡薄。這一現象的存在在今天的社會裡得到了進一步的印證。但我們也不必為此而悲觀，因為在人類面前還是有一線希望的。我們不妨推測一下人類發展的兩種前途：一是沿著歷史老路繼續發展下去，人們的物質欲望越來越強烈，而道德觀念越來越淡薄，從而形成惡性循環，直至人類毀滅的那一天。二是天道循環、物極必反，當人類的財富積累到一定程度時，人們的物質欲望相對會淡薄起來，而反過來去追求一種道德上的自我完善，逐步恢復原有的淳樸天性，再現和諧美好的社會生活。當然我們希望看到的是後一種結果。

# 明本第二

【題解】明本，闡明根本原則。所謂的根本原則，就是清靜無為。本章認為清靜無為這一原則雖然無形無象，看不見摸不著，但如果能夠遵循這一原則，大可以兼濟天下，小可以獨善其身，終身不會有什麼痛苦危險。

夫所謂本者，無為之為心❶也，形骸依之以立也❷，其為常❸而不殆❹也。如火之可用以焚，不可奪其炎也；如水之可用以潤，不可奪其濕也。取之不有❺，忘之不無❻。動之❼則察秋毫❽之形，審❾蚊蚋❿之音；靜之則不見丘山，不聞雷霆。大之⓫可以包天壤⓬，細之可以入眉睫⓭。惚惚恍恍⓮，不來不往；希希夷夷⓯，不盈不虧。巢由⓰之隱，園綺之遁⓱，專其根⓲而獨善也。堯授舜，舜授禹，禹授啟⓳，湯放桀⓴，武王伐紂㉑，張其機而兼濟也㉒。明之者，可藏㉓則藏，可行㉔則行，應物立事，曠乎無情㉕。昧㉖之者，嗜欲是馳㉗，耳目是隨㉘，終日妄用㉙，不識不知㉚。孰能照以無滯之光㉛，委以自然之和㉜，則無名之元㉝，見乎無見之中矣㉞。

【注釋】❶為心　作為自己的思想核心。❷形骸依之以立也　人的身體就可以依賴於這種清靜無為的原則而生存於世。形骸，身體。立，生存。❸常　永恆的原則。❹殆　危險；困苦。❺取之不有　想用手去拿取它而它又不存在。清靜無為是一種原則，看不見摸不著，所以說「取之不有」。❻忘之不無　即使人們忘記了它，它也不會消失。清靜無為作為一種原則，雖然看不見摸不著，但它又確實存在，所以說「忘之不無」。❼動之　遵循這一原則而行動。❽秋毫　秋天剛生長出來的獸毛。❾審　聽清楚。❿蚋　蚊子一類的昆蟲。⓫大之　從大的方面觀察它。⓬壤　大地。⓭眉睫　眉毛和眼睫毛。清靜無為作為一種原則是無形的，所以說它可大可小。以上兩句比喻這一原則既可用於大事，也可用於小事。⓮惚惚恍恍　似有似無的樣子。⓯希希夷夷　看不見聽不到的樣子。看不見叫「夷」，聽不到叫「希」。⓰巢由　兩位隱士名。巢，巢父。堯時的隱士。隱居深山，以樹為巢而寢臥其上，所以時人稱他為「巢父」。由，許由。也是堯時隱士。堯想把天下讓給許由，許由堅決拒絕並逃入深山隱居起來。⓱園綺之遁　東園公、綺里季隱居起來。園，人名。即東園公。綺，人名。即綺里季。遁，逃遁。這裡指隱居。秦朝時，東園公、綺里季、甪里先生、夏黃公四人隱居商洛山中，他們鬚眉皆白，故稱「商山四皓」。漢定天下，高祖劉邦徵召四皓，四皓不出。後因張良故，四皓出山輔佐太子。據說後來又隱入商山。⓲專其根　專心地守持著清靜無為這一根本原則。⓳啟　人名。姓姒。大禹之子。大禹死後，啟繼承王位。史稱禹、啟父子開創的王朝為夏朝。⓴湯放桀　商湯流放了夏桀。湯，人名。商朝的開國君主。桀，夏朝的最後一位君主，以殘暴著稱。商湯滅夏後，桀被流放於南巢，後死於此地。㉑武王伐紂　周武王討伐商紂王。武王，即周武王。姓姬名發。周文王之子。繼位後滅商建周。紂，即商紂王。商朝的最後一位君主，以殘暴著稱。商紂王與周武王的軍隊戰於牧野，戰敗後，紂王自焚而死。㉒張其機而兼濟也　充分利用清靜無為的作用就可以把整個天下治理好。張，張大；充分利用。機，本指機械、工巧。引申為作用。兼濟，即兼濟天下。把整個天下都治理好。㉓藏　藏身。指隱居。㉔行　出仕；當官。㉕曠乎無情　胸懷寬廣，沒有好惡喜怒之情。曠，寬廣。無情，指無論面對什麼樣的事情和處境，都能心靜如水，不會產生好惡喜怒之情。㉖昧　糊塗；不懂得。㉗嗜欲是馳　即「馳嗜欲」。追求欲望的滿足。馳，追逐。㉘耳目是隨　即「隨耳目」。順隨耳目的愛好。即追求感官的享樂。㉙妄用　胡作非為。妄，胡亂。用，使用身心。即思想行為。㉚不識不知　沒有見識；糊糊塗塗。㉛照以無滯之光　用不固執己見、順應自然的思想光輝照亮自心。滯，滯礙；固執。㉜委以自然之和　順應自然的和諧。委，委順；順應。道家認為天地間的一切本來是和諧的，但由於人的所作所為，使人與自然、人與人之間產生了諸多矛盾。㉝無名之元　無法名狀的天地本原。即大道。無名，無法名狀的。老子認為，大道無形無狀，深奧無比，沒法給它命名，之所以把它叫作「道」，是不得已而為之。元，本原。道家認為大道是天地萬物的本原。㉞見乎無見之中矣　就能在無形無象的虛無之中看到大道。大道是指天地萬物的總規律、總本原，本來是看不見摸不著的，但只要遵循正確原則，就能感覺到它的存在並掌握它。本句中的「見」指精神上的「見」。

**【語　譯】**所謂的「根本」，就是要把清靜無為這一原則作為自己的思想核心，我們的形體就是依靠這一原則而生存於世間，如果能夠永遠遵循這一原則就不會有什麼危險困苦發生。這一原則就好比火可以用來焚燒東西一樣，沒有人能夠消除它的炎熱作用；還好比水可以用來潤澤萬物一樣，沒有人能夠消除它的溼潤性質。想要用手去拿取這一原則而它又不存在，即使人們忘記了這一原則而它也不會消失。遵循這一原則做事就能看清秋天獸毛的形狀，就能聽見蚊蚋所發出的細微聲音；遵循這一原則靜下心來就會看不見高大的山丘，聽不到響亮的雷聲。從大的方面說，這一原則可以包容天地；從小的方面說，這一原則可以進入眉毛和睫毛之中。這一原則似有似無，不來不往；這一原則聽不見也看不到，不會盈滿也不會虧損。巢父和許由隱居深山，東園公和綺里季藏身巖穴，他們專心守持著無為這一根本原則而獨善其身。堯把天下禪讓給舜，舜把天下禪讓給禹，禹把天下傳授給啟，商湯流放夏桀，周武王討伐商紂，這些聖王充分利用無為這一原則的作用而兼濟天下。懂得無為的人，該隱居時就隱居，該出仕時就出仕，順應外物而立身行事，他們心胸開闊而沒有個人的喜怒好惡之情。不懂得無為的人，只知道追逐個人的欲望，滿足耳目的愛好，整天胡作非為，糊糊塗塗。如果誰能夠用不固執己見、順應自然的思想光輝照亮自己的心靈，能夠做到像自然那樣和諧，那麼他就能夠在無形無象的虛無之中看到不可名狀的天地本原——大道。

【研　析】「無為」是從老莊道家到道教的一貫主張，也是本篇所論述的核心問題。《老子》和《莊子》雖然多次使用「無為」一詞，但沒有給出過明晰的解釋。從字面意思來看，所謂的「無為」，就是「不為」，就是「不做事」，而事實上，「無為」的含義並非如此。道家的名著《淮南子・修務訓》對「無為」有一個相當明確的解釋：

或曰：「無為者，寂然無聲，漠然不動，引之不來，推之不往。如此者，乃得道之像。」吾以為不然。……蓋聞傳書曰：「神農憔悴，堯瘦臞，舜黴黑，禹胼胝。」由此觀之，則聖人之憂勞百姓甚矣。故自天子以下至於庶人，四肢不動，思慮不用，事治求澹者，未之聞也。夫地勢水東流，人必事焉，然後水潦得谷行；禾稼春生，人必加功焉，故五穀得遂長。……吾所謂無為者，私志不得入公道，嗜欲不得枉正術，循理而舉事，因資而立功。

這段話把「無為」的含義解釋得十分清楚。所謂的「無為」，絕不是什麼事情都不做，而是順應自然規律去做事，該做的做，不該做的就不做，也就是文中說的「循理而舉事，因資而立功」，這纔算是「無為」。

明白了「無為」的正確含義，我們就能夠正確地理解本篇的一些觀點。比如本篇先舉了許多隱士獨善其身的例子，然後又說：「堯授舜，舜授禹，禹授啟，湯放桀，武王伐紂，張其機而兼濟也。」說隱士的行為是「無為」很好理解，說堯、舜、禹相互禪讓天下是「無為」也好理解，但說商湯和周武王發動軍隊、大動干戈也是一種「無為」的表現，許多人就不容易理解了。但如果我們明白了「無為」的確切含義，就知道商湯和武王討伐桀、紂是順應了天意民心，是遵循「大道」做事，那麼即使大動干戈也是一種「無為」的表現。所以下文緊接著就說：「明之者，可藏則藏，可行則行，應物立事，曠乎無情。」根據客觀環境，該做什麼就做什麼，即使出仕當官，也是「無為」。如果違背了「大道」，無論做事還是不做事，那都不能叫做「無為」。

我們最後還要講清楚的一點就是：「無為」是「大道」的一種特性，如果說大道是「體」，而

「無為」就是大道的「用」，體用合一，本篇強調以「無為」為「本」，實際上也就是強調以大道為「本」，而「道」則是道家道教的最高哲學概念，是他們所追求的終極目標。

# 析惑第三

【題解】析惑，分析人們的糊塗行為。惑，糊塗。本篇專指人們在養生方面的糊塗行為。作者認為人的精神（即文中說的性和命，類似於人們說的靈魂）是永存的，而肉體是必死的。但時人只知道愛護肉體，不知道去珍惜精神，甚至役使自己的精神去為自己的肉體服務。作者認為這是一種非常糊塗的作法。

夫性者神也，命者氣也，相須於虛無❶，相生於自然，猶乎埴篪之相感也❷，陰陽之相和也。形骸者，性命之器也❸，猶乎火之在薪，薪非火不炎，火非薪不光❹。形骸非性命不立❺，性命假❻形骸以顯，則性命自然沖而生❼者也，形骸自然滯而死❽者也。自然生者❾，雖寂而常生；自然死者❿，雖搖⓫而常死⓬。今人莫不好生惡死，而不知自然生死之理，覩乎不搖而偃者⓭則憂之。役其自然生者⓮，務存其自然死者⓯，存之愈切⓰，生之愈疎⓱。是欲沉羽而浮石⓲者也，何惑之甚歟！

【注　釋】❶相須於虛無　它們相互依存而又無形無象。須，待；依賴。人有了生命才會有性格，反過來只有有了性格，才能證明生命的存在，所以說二者「相須」。虛無，指性格和生命是不可觸摸得到的物體。這是因為作者把人的性格、生命與肉體分開來講，肉體是實在的，可觸摸的，而性格和生命相對是難以觸摸的。❷猶乎塤篪之相感也　就好像塤和篪相互應和一樣。塤，古樂器名。篪，古樂器名。作者認為，人的性格狀況可以影響他的生命，而人的生命狀況也可以反過來影響他的性格，就好比演奏的樂器相互應和一樣。❸形骸者二句而肉體，則是承載性格和生命的器具。❹光　光亮。❺立　生存。❻假　憑藉。❼沖而生　無形無象而永遠不死。沖，空虛；無形無象。大多數的古人認為人的靈魂（精神）是不死的，肉體死後，靈魂或升天，或入地，或轉化為其他事物。❽滯而死　滯礙沉重而且必然死亡。❾自然生者　自然而長生的。指性和命。也即精神靈魂。❿自然死者　自然死亡的。指肉體。⓫搖　活動；行動。⓬常死　必然會死亡。⓭不搖而偃者　不再活動而僵臥在地的人。指死者。偃，倒在地上。⓮役其自然生者　役使能夠永遠生存的精神。⓯務存其自然死者竭力要保存自己的肉體。務，務必；竭力。⓰存之愈切　保存自己肉體的心情越迫切。愈，越。⓱生之愈疎距離正確的養生原則就越遙遠。疎，距離遙遠。⓲沉羽而浮石　把羽毛沉入水下，讓石頭浮在水面。比喻不可能的事情。

【語　譯】人的性格來自精神，人的生命來自精氣，二者相互依存而又無形無象，都產生於自然，就好像塤和篪相互感應一樣，又好像陰陽二氣相互交合一樣。人的肉體，是承載性格和生命的器具，這就好比火與柴草的關係一樣，只有柴草而沒有火就不可能會有炎熱，而火離開了柴草也不可能發出火光。肉體如果失去了性格和生命就不可能再生存下去，而性格和生命也必須假借肉體才能顯示自己的作用。性格和生命這些屬於精神性的東西自然是無形無象而又永遠存在的，肉體則屬於滯礙沉重的東西而必然會死亡的。自然而然能夠永存的精神靈魂，雖然無聲無息卻永遠存在；自然而然注定死亡的肉體，雖然能夠四處遊走活動卻又必然消亡。如今的人們莫不喜歡活著而討厭死亡，卻又不懂得自然生死的道理，一看到那些不能遊走活動的死者就萬分悲傷。於是就去役使自然永存的精神，去竭力保存自然必死的肉體，保存肉體的心情越迫切，結果距離正確的養生方法也就越遠。這種作法就好像要把羽毛沉入水底、讓石頭浮在水面那樣是不可能保養好肉體的，如此做的人真是太糊塗了。

【研　析】精神與肉體，我們應該更關注哪一個？這個問題是古今中外的人們都很關心的一個問題。在中國古代，雖然沒有人做過系統精確的統計，但基本可以認定，古代的大多數人是認為精神重於肉體的。无能子也是如此。

无能子認為，肉體本身是沒有生命的，生命來自精神，因此精神比肉體更為重要。然而世俗的人們卻不懂得這個道理，一味地去注重肉體，甚至不惜役使自己的精神去為肉體服務。換句話說，就是為了養活或更好地保養自己的肉體，委屈自己的意願，迫使自己去幹自己不願意幹的事情，就像陶淵明講的那樣為「口腹自役」（〈歸去來兮〉）。本篇題目〈析惑〉中的「惑」就是指此而言。

重神輕形的思想至少在莊子時就已經提出，他認為從人與人之間的關係方面看，崇高的精神境界比漂亮的外貌更具有感人的力量，因此他筆下的許多具有感召力的聖人都是一些形體殘缺的人。從養生方面看，養神比養形更為重要，因此他專門寫了一篇〈養生主〉。這一養生思想對後世道教影響很大。道教信徒嵇康在他的〈養生論〉中說：

> 夫服藥求汗，或有不獲，而愧情一集，煥然流離；終朝未餐，則囂然思食，而曾子銜哀，七日不饑；夜分而坐，則低迷思寢，內懷殷憂，則達旦不寐。……由此言之，精神之於形骸，猶國之有君也。神躁於中，而形喪於外，猶君昏於上，國亂於下也。

精神好比君主，而肉體好比臣民，因此養生要以養神為主，以養形為輔。无能子的思想與此是一致的。

无能子重視養神，並不意味著他就排斥養形。他在文中講得十分明確：「形骸者，性命之器也。」還說：「形骸非性命不立，性命假形骸以顯。」精神與肉體是相輔相成的關係，精神固然重要，但如果沒有肉體這一性命之「器」，精神也就無法顯示自己的作用。道教曾提出過「性命雙修」的主張，道教所說的「性命」與无能子說的「性命」（泛指生命）含義有所不同，道教的「性」指精神，「命」指肉體，既保養自己的精神，同時也要保養自己的肉體。但對於精神和肉體，無論是无能子，還是其他道家道教人物，大多更偏重於養神。

重視養神的思想無疑是正確的。人們常說：「笑一笑，十年少；愁一愁，白了頭。」此語雖然俚俗，卻準確地說明了保持精神愉悅對健康的重要性，而且現代科學也已經證明了這一點。要想保持身體的健康，首先要保持精神的愉悅，這對於今天的人們來說，依然是養生的一條重要原則。

# 無憂第四

【題解】無憂，不要憂愁。本篇主要是勸告人們不要為死亡而憂愁。作者認為人是精神和肉體的統一體，肉體本身沒有生命，只有與精神結合起來才能奔走活動，因此生命的本質在於精神，而不在於肉體。基於這一觀點，作者要求人們在肉體不能呼吸、活動時不必悲傷，因為肉體本來就沒有生命，也無所謂死亡，而生命的本質——精神（靈魂）是永遠不會消失的。既然如此，人們又何必為所謂的「死亡」而憂愁呢！

夫人大惡者死也，形骸不搖而偃者也。夫形骸血肉耳目不能虛而靈❶，則非生之具❷也。故不待不搖而偃則曰死，方搖而趨本死矣❸。所以搖而趨者，憑於本不死者❹耳，非能自搖而趨者。形骸本死❺，則非今死❻，非今死，無死矣❼。死者，人之大惡也。無死可惡，則形骸之外❽何足汨吾之至和❾哉！

【注釋】❶虛而靈　指精神、靈魂。精神是無形的，故稱它為「虛」；精神有靈氣、能思想，故稱它為「靈」。

❷生之具　有生命的物體。具，器具；物體。❸方搖而趨本死矣　當肉體還能夠遊走活動、四處奔波時就已經死亡了。趨，奔走。作者將肉體與精神一分為二，人是否活著，主要體現在精神上，而不是肉體，表面看來是肉體在活動，實際上主使這種活動的卻是精神。所以作者認為即使肉體能活動，它也是無生命的，有生命的是肉體的主使者——精神。❹本不死者　本來就不會死亡的精神。古人認為肉體會死亡，但精神（靈魂）是不死的。❺形骸本死　肉體本來就是沒有生命的。道理見❸。❻則非今死　那麼肉體就不是在它不能活動時才算是死亡了。一般人認為當肉體停止呼吸、不能活動時才算死亡，而作者認為肉體本來就沒有生命，生命在於精神，所以肉體不是在停止呼吸時才算死亡，而是本來就是死亡的。今，指一般人認為的肉體死亡之時。❼無死矣　肉體無所謂死亡。既然肉體本來就沒有生命，因此也就無所謂死亡。❽形骸之外　作為外表的肉體。古人認為形骸為外，精神為內。❾汩吾之至和　擾亂我的最平和的心境。汩，亂；擾亂。

【語　譯】人們最厭惡的事情就是死亡，而人們所說的死亡就是指肉體不能活動而僵臥在地。形體血肉耳目如果沒有無形但有靈氣的精神，就不能算是有生命的物體。因此肉體不必等到不會活動而僵臥在地才叫作死亡，當肉體還在遊走活動、四處奔波的時候就已經死亡了。所以說遊走活動、四處奔波的肉體，依靠的是本來就不會死亡的精神，肉體自身並不能四處活動奔走。肉體自身本來就沒有生命，那麼肉體就不能在停止呼吸、活動時才算是死亡，既然肉體不是在停止呼吸、活動時才算是死亡，那麼肉體也就無所謂死亡了。死亡，是人們最討厭的事情。而實際上並不存在什麼死亡值得人們去討厭，因此作為外表的肉體的好壞存亡又怎麼值得擾亂我們最為平和的心境呢！

【研　析】生與死，是人生的起點和終點，也是人生的頭等大事。關於生，一個人是無法選擇的，當他意識到自己存在的時候，生存已經成為擺在他面前的現實。因此人們對出生談得相對少一些，而對死亡考慮得多一些。

人生短暫是引發人們哀傷的主要原因之一，從莊子的「白駒過隙」（《莊子・知北遊》）之喻到曹操的「對酒當歌，人生幾何」（〈短歌行〉）的哀歎，無不滲透著對死亡的恐懼。儒家提倡立德、立功、立言三不朽，道教尋求成仙，佛教希望成佛，都是為了延長自己有限的生命。而无能子對死亡有自己的看法。

包括无能子在內的一部分古人認為，任何一個人都可以分為兩個部分：一是肉體，一是精神（或叫靈魂）。肉體是必然要腐壞的，而精神卻是不死的，當肉體腐壞時，精神就離開了肉體，飄飄蕩蕩地另尋歸宿去了。中國化的佛教就主張靈魂不死，而每個人的靈魂就是接受因果報應的載體。无能子在本篇中沒有接受，至少是沒有談到報應之說，只強調精神不死這一點。他認為：肉體之所以能夠活動，能夠四處奔波，靠的不是肉體本身，而是精神，是精神在主使著肉體該幹什麼，不該幹什麼。所以，當肉體還在四處奔波時，它已經是死亡的，只有精神活著。既然如此，當人們看到自己的親人，或想到自己的肉體僵臥在地、不再能夠活動並逐漸腐爛的時候，就不必傷心難過，因為肉體本來就沒有生命，肉體雖然沒有了，但精神（靈魂）還在。

是否有靈魂，靈魂是否不死，人們爭論了數千年也沒有能夠得出一個一致的結論。无能子寫本篇的原因不外乎有兩個：

一是他真的認為人的靈魂是不死的，就像後來的唐寅說的那樣：

人在陽間有散場，死歸地府又何妨？陽間地府俱相似，衹當漂流在異鄉。（〈伯虎絕筆〉）

肉體沒有了，精神只不過是換一個生活的地方而已。既然人想死也死不了，就像文中說的那樣「無死可惡」，想找個死亡來討厭都沒有，那又何必為死亡而傷心呢？

二是无能子如此講可能是為了尋求自我心理安慰。儒家的「三不朽」講的是道德和名聲的永存，不是對人體死亡的真正解決辦法。道教的成仙，佛教的成佛，即使對於它們的忠實信徒來說，也是可望而不可即的事情。為了減輕死亡對自己的心理壓力，就只能從理論上尋找不死的理由。无能子的這一看法雖然是建立在前人靈魂不死的基礎之上，但他把人的靈魂不死等同於人的不死，還是有其新穎之處。

# 質妄第五 二篇

【題解】質妄，評論人們的狂亂行為。質，評論。妄，狂亂。本篇所說的狂亂行為，主要指人們對富貴名利的追逐和對親人的眷戀。本篇分兩個部分，第一部分要求人們放棄對富貴名利的追逐，第二部分要求人們放棄對親人的眷戀。而破除世俗人所慣有的名利觀和親情觀，是從道家到道教的一貫主張。

## 一

天下人所共趨❶之而不知止者，富貴與美名爾。

所謂富貴者，足於物爾。夫富貴之亢極❷者，大則帝王，小則公侯而已。豈不以被袞冕❸、處宮闕❹、建羽葆警蹕❺，故謂之帝王耶？豈不以戴簪纓❻、喧車馬❼、仗旌旃鈇鉞❽，故謂之公侯耶？不飾之以袞冕、宮闕、羽葆警蹕、簪纓、車馬、鈇鉞，又何有❾乎帝王公侯哉！夫袞冕、羽葆、簪纓、鈇鉞、旌旃、車馬，皆物也。物足則富貴，富貴則帝王公侯。故曰富貴者足物爾。夫物者，人之所能為[10]者也，自為之，反為不為者感之[11]。乃以足物者為富貴，無物者為貧賤，於是樂富貴，恥貧賤，不得其樂者，無所不至[12]。自古及今，醒而不悟。壯[13]哉物之力也！

夫所謂美名者，豈不以居家孝、事上忠[14]、朋友信[15]、臨財廉[16]、充乎才[17]、足乎藝[18]之類耶？此皆所謂聖人者尚[19]之，以拘愚人也[20]。夫何以被[21]之美名者，人之形質爾。無[22]形質，廓乎太空[23]，故非毀譽所能加[24]也。形質者，囊乎血輿乎滓者也[25]，朝合而暮壞[26]，何有[27]於美名哉！今人莫不失自然正性[28]而趨之，以至於詐偽激[29]者，何也？所謂聖人者誤之也。

【章　旨】本章的主旨是要破除世人的富貴名利觀。認為富貴和美名都不過是身外之物而已，不值得人們去追逐。

【注　釋】❶趨　追逐。❷亢極　極點。亢，高；極。❸被袞冕　穿袞衣戴冠冕。被，穿戴。袞，古代帝王或三公穿的禮服。冕，貴族官員所戴的禮帽。這裡專指帝王的禮帽。❹宮闕　宮殿。闕，皇宮前面兩邊的樓臺，中間有道路。❺建羽葆警蹕　建立華蓋等儀仗和出入警蹕制度。羽葆，儀仗名。用鳥羽裝飾成傘蓋狀。警蹕，古代帝王出入稱「警蹕」。左右侍衛叫「警」，開路清道、禁止他人通行叫「蹕」。❻簪纓　古代官吏的帽飾。❼喧車馬　出門時車馬喧鬧。❽仗旌旃鈇鉞　有旌旃鈇鉞這些儀仗。仗，儀仗。旌旃，泛指旗幟。旌，用犛牛尾和彩色鳥羽作竿飾的旗。旃，赤色曲柄的旗。鈇鉞，兩種武器名。可用作儀仗。鈇，斧。鉞，大斧。❾何有　有什麼；算什麼。❿所能為　所能夠創造出來的。⓫自為之一句　民眾自己創造的財富，反而被那些不創造財富的人拿去享受。不為者，不生產財富的人。指帝王公侯等。感，受。指享受。⓬無所不至　沒有什麼事情做不出來的。指人們為了獲取富貴而無所不為。⓭壯　強大。⓮事上忠　為君主做事忠誠。上，君主。也可理解為泛指上級。⓯朋友信　與朋友交往時誠實。信，誠實。⓰臨財廉　面對財物很廉潔。臨，面對。⓱充乎才　充滿了才能；滿腹經綸。⓲足乎藝　多才多藝。⓳尚　崇尚。⓴以拘愚人也　以此來約束愚蠢的普通人。指聖人提倡孝、忠、信、廉等，目的是為了約束人們。㉑被　接受；承受。㉒無　沒有。這裡指在精神上忘卻。㉓廓乎太空　內心非常空靜。廓乎，空靜的樣子。太，很；非常。㉔加　施加。指施加影響。㉕囊乎血輿乎滓者也　裝滿了血和各種渣子。囊，口袋。用作動詞。裝滿。輿，車子。用作動詞。裝載。滓，沉澱的雜物；渣子。比喻人體的骨肉。㉖朝合而暮壞　朝生夕死。形容人生極為短暫。合，聚合。指聚合各種物質形成人體。壞，死亡。㉗何有　有何用。㉘正性　天性。人的天性是清靜美好的，故稱之為「正性」。㉙激　動。指行動。

【語　譯】整個天下人所共同追逐而不知休止的，就是富貴與美名啊！

所謂的富貴，不過就是財物富足而已。富貴到極點的人，大的要算是帝王，小的要算是公侯。難道不就是因為能夠身穿袞衣頭戴冠冕、住在宮殿之中、建立華蓋儀仗和警蹕制度，所以才稱他們為帝王嗎？難道不就是因為能夠頭戴簪纓、出門乘坐著喧鬧的車馬、帶著旌旗鈇鉞這些儀仗，所以才稱他們為公侯嗎？如果沒有袞衣、冠冕、宮殿、華蓋、警蹕、簪纓、車馬、鈇鉞這些東西去裝飾他們，他們又怎麼能算是帝王公侯呢！而袞衣、冠冕、華蓋、簪纓、鈇鉞、旌旗、車馬等等，都屬於財物啊。財物多了就是富貴，富貴了就是帝王公侯。所以說富貴之人不過是財物富足而已。財物這種東西，是人們所能夠生產的。然而親自生產財物的人，反而要把財物交給那些不生產財物的人去享受。把財物富足的人視為富貴之人，把沒有財物的人視為貧賤之人，於是人們便以富貴為快樂，以貧賤為恥辱。那些得不到富貴快樂的人，為了富貴而無所不為。從古至今，人們即使醒著也沒能明白這個道理。財物的力量真是強大啊！

所謂的美名，難道不就是因為具有在家孝敬父母、在朝忠於君主、與朋友交往誠實、面對財物時廉潔、滿腹經綸、多才多藝這一類的行為嗎？這些都是所謂的聖人們所崇尚的行為，而聖人的目的是想以此來約束愚蠢的普通人。用來承受這些美名的，不過就是人的形體而已。如果能夠忘卻自己的形體，心境處於清靜空寂的狀態，那麼外界的毀謗和讚譽對他都不能施加任何影響。所謂的形體，就是裝滿了血和各種渣子的臭皮囊，朝生暮死，要美名又有什麼作用呢！然而如今的人們莫不喪失了自己的自然天性而去追逐美名，以至於做出了許多欺詐的行為。為什麼會如此呢？都是因為那些所謂的聖人誤導了人們啊。

## 二

古今之人，謂其所親者血屬❶，於是情有所專焉❷。聚則相歡，離則相思，病則相憂，死則相哭。夫天下之人，與我所親，手足腹背，耳目口鼻，頭頸眉髮，一也。何以分別乎彼我哉？所以彼我者，必名字爾❸。所以疎於天下之人者，不相熟爾；所以親於所親者，相熟爾。

嗟乎！手足腹背，耳目口鼻，頭頸眉髮，俾❹乎人人離析❺之，各求其謂❻之身體者，且無所得，誰謂所親耶？誰謂天下之人耶？取於名字彊為❼者也。若以名所親之名❽，名❾天下之人，則天下之人皆所親矣；若以熟所親之熟，熟天下之人，則天下之人皆所親矣。胡謂❿情所專耶？夫無所⓫孝慈者，孝慈天下；有所孝慈者，孝慈一家。一家之孝慈未弊⓬，則以情相苦⓭，而孝慈反為累矣；弊則偽⓮，偽則父子兄弟將有嫌⓯怨者矣。

莊子曰：「魚相處⓰於陸，相呴以沫⓱，不如相忘於江湖。」至⓲哉是言也！夫魚相忘於江湖，人相忘於自然⓳，各適⓴矣。故情有所專者，明者不為。

【章　旨】本章的目的是要破除人們對親人的眷戀，使人們不為親情所困，以便解除親情給人們造成的心理負擔。

【注　釋】❶血屬　有血緣關係的親屬。❷情有所專焉　感情專一於親屬。焉，代指上文說的「血屬」。❸必名字爾　一定是由於名稱不同而已。名字，名稱。如父母、兄弟、朋友、陌生人等等。❹俾　使。❺析　分離。❻謂　通「為」。作為。以下兩「謂」字均通「為」。❼彊為　硬是要加以分別。為，分別。❽若以名所親之名　如果用稱呼親屬的名稱。名，第一個「名」是動詞。命名；稱呼。第二個「名」是名詞。名稱。❾名　命名；稱呼。❿胡謂　即「胡為」。為何。胡，何；什麼。⓫無所　沒有什麼。這裡指不專對某些人。⓬未弊　未遭到破壞；沒消除。⓭以情相苦　因親情而痛苦；為情所困。⓮弊則偽　親情如果消失了就會相互欺詐。⓯嫌　猜疑。⓰相處　共同困於陸地上。這幾句引文見《莊子・大宗師》。⓱相煦以沫　用口水相互塗抹。煦，通「呴」。《莊子》原文為「呴」。吐氣。沫，吐沫；口水。以上兩句比喻人們在困難的處境中生活艱難，相互幫助。⓲至極點。指把道理完全講透了。⓳人相忘於自然　人們按照各自的自然天性生活而相互忘卻。⓴適　舒適。

【語　譯】從古至今的人們，都把各自的親人叫作有血緣關係的親屬，於是就把感情專注在自己的親屬身上。親人們聚在一起就都很高興，分別後就會相互思念，親人生病了就會憂愁，去世了就會哭泣。實際上天下所有的人，與我們都是親人，就好比手足腹背、耳目口鼻、頭頸眉髮，都是一樣的親近。為什麼要分別彼我呢？之所以有彼我之分，一定是因為名稱不同而已。之所以疏遠天下其他的人，是因為相互不熟悉而已；之所以親近自己的親人，是因為相互熟悉而已。

嗟乎！手足腹背、耳目口鼻、頭頸眉髮這些東西，如果讓人們把它們分割開來，然後再去尋找所謂的身體，將一無所獲，那麼誰又能算是親人呢？誰又能算是天下其他的人呢？不過是人們硬要為對方取一個名稱而強加區別而已。如果用稱呼親人的名稱，去稱呼天下其他的人，那麼天下其他的人也都成了自己的親人；如果用熟悉親人的熟悉程度，去熟悉天下其他的人，那麼天下其他的人也都成了自己的親人，為什麼要把自己的感情專注於某些人身上呢？不對某些人孝敬慈愛，那就是孝敬慈愛整個天下人；僅僅孝敬慈愛某些人，那就是孝敬慈愛自己一家人。如果對一家人的孝敬慈愛之情不消除，就會為情所苦，而孝敬慈愛之情反而成為人的心理負擔；如果消除了對一家人的孝敬慈愛之情就會相互欺詐，相互欺詐就會使父子兄弟之間產生猜疑和怨恨。

莊子說：「魚被困在陸地上相互依偎，用口水相互塗抹，（如此相親相愛）還不如游蕩於江湖之中而相互忘卻。」這話真是至理名言啊！魚應該游蕩於江湖之中而相互忘卻，人應該順應自然天性生活而相互忘卻，這樣一來各自都會感到心情舒適了。因此那些情感有所專注的事情，明智的人是不去做的。

【研析】所謂的「質妄」，就是對人們的錯誤行為進行評論。而作者所說的錯誤行為，就是指人們對名利富貴的瘋狂追求和對親人的無限眷戀。

鄙視名利富貴，是從道家到道教的一貫主張，就連儒家對名利之徒也是不屑一顧。儒家輕視名利之徒主要是出於道德的考慮，而道家道教鄙視名利富貴的原因，除了認為名利富貴會引起不道德的行為之外，還認為名利富貴對人性是一種極大的束縛，不僅會使人喪失淳樸的自然天性，甚至會使人丟掉性命。道家認為，一個人如果不能摒除名利之心，就不可能獲得真正的精神自由，因而也就不可能成為聖人。而道教認為，如果一個人的名利之心太重，就會陷入世俗事務之中而難以自拔，這樣的人要想成仙，是毫無希望的。

提倡淡泊名利富貴比較容易理解，因為名利富貴畢竟是身外之物，可為什麼還要消除對親人的眷戀呢？其原因和目的與排斥名利是一樣的。對道家來說，眷戀於親人，注重於親情，同樣會增添人的心理負擔，使人無法獲得精神上的自由和解脫。對道教來說，沉溺於親情的人，是無法擺脫俗務的，而擺脫不了俗務，自然無法成仙。遠在南朝時期，著名的道教經典《真誥》就告誡人們：家庭比虎口、監獄更可怕，因為人們見了虎口還知道逃避，入獄的人也還有出獄的希望，而人們見了家庭這個虎口，不但不知道逃避，反而會主動地往裡面跳，而且終身沒有出頭之日。後來的全真道用詩詞的方式廣泛宣傳這一主張，其創始人王重陽在〈西江月〉中寫道：

悟徹兒孫偉貌，奪衣日奪餐肴。笑欣悲怨類咆哮，正是豺狼虎豹。

兒孫不過是與自己爭奪衣食的虎狼而已，至於妻子，比兒孫更為可怕，她們不僅向丈夫索要衣食財物，而且還摧殘丈夫的身體，是丈夫身邊的「追魂取命活鬼」（馬鈺〈丹陽神光燦・勸化〉）。因此全真道主張人們放棄家庭，出家修行，過一種與僧人一樣的清靜無欲的生活。這一思想對文人影響也很大，袁宏道在〈孤山〉一文中認為宋代隱士林逋一生不要家庭，「妻梅子鶴」，是天下「第一種便宜人」。他的弟弟袁中道甚至把自己的家庭稱為「家獄」（《遊居杮錄》卷九）。以上這些說法雖然有些過激，但並非全無道理，家庭帶來的精神上和物質上的雙重壓力，大概每一個有家庭的人，特別是家庭生活的負擔者都會有類似的感受，只不過程度輕重不同而已。

本篇也有論述不夠周密的地方。如第二部分說：「誰謂所親耶?誰謂天下之人耶?取於名字彊為者也。若以名所親之名，名天下之人，則天下之人皆所親矣。」把人們愛戀親屬的原因歸之於所起的名字（如父母、兄弟等等），並認為如果把陌生人也呼為父母兄弟的話，同樣也會愛戀他們，這並不符合事實。

# 第六 闕

# 真修第七　四篇

【題解】真修，對自然本性的修養。真，真性；本性。本篇共分四個部分，從四個方面闡述如何修養人的本性：第一要消除個人成見，第二要像水那樣做到柔弱，第三要歸依大道解放自我心靈，第四要順應自然天性行事而不得加以阻撓。

## 一

夫衡❶鏡，物也，成於人❷者也。人自成之，而反求輕重於衡、妍醜❸於鏡者，何也？衡無心❹而平，鏡無心而明也。夫無心之物，且❺平且明，則夫民❻之有心者，研之以無❼，澄之以虛❽，涵澈希夷❾，不知所如❿，吾見其偕天壤以無疆⓫，淪顥炁而不疲⓬，而天下莫能與之爭矣。

【章旨】本章要求人們消除主觀成見，做到心境清澈空寂，這樣一來就能與天地同壽，永世長存。

【注釋】❶衡　測定物體重量的器具。即今天所說的秤。❷成於人　被人所製成。❸妍醜　美醜。妍，美麗。

❹無心　沒有主觀成見。❺且　又。❻民　人。❼研之以無　用沒有主觀成見的標準修養自己。研，磨；碾。引申為修養。無，無心；沒有主觀成見。❽澄之以虛　用虛靜的境界澄淨自己的心境。❾涵澈希夷　把思想修養到徹底虛寂的狀態。涵，涵養；修養。澈，同「徹」。徹底。希夷，形容虛寂的樣子。無聲叫「希」，無形叫「夷」。❿不知所如　不知自己該追求什麼。如，往；追求。本句是說要做到一切順應自然，消除任何個人成見。⓫偕天壤以無彊　與天地一起萬壽無疆。偕，與……一起。彊，通「疆」。邊際。⓬淪顥炁而不疲　與元氣一樣永不衰敗。淪，通「倫」。同類；與……一樣。顥炁，潔白清鮮之氣。這裡指元氣。顥，潔白的樣子。炁，氣。疲，衰敗。

【語　譯】秤和鏡，都屬於器具，是人製造而成的。人們自己製成了這些器具，卻反過來需要用秤來測量物體的輕重，用鏡來觀察自身的美醜。為什麼會如此呢？這是因為秤無任何主觀成見而十分公平，鏡無任何主觀成見而非常明亮。沒有主觀成見的器具，能做到又公平又明亮，那麼有主觀成見的人，如果能夠用沒有成見的標準來修養自身，用虛靜的境界來澄清自己的心境，把自己的思想修養到徹底虛寂的狀態，達到不知道自己該追求什麼的程度，那麼我將會看到他與天地一起永世長存，像元氣那樣永不衰敗，而天下沒有任何人能夠與他相爭奪了。

## 二

夫水之性，壅之則澄❶，決❷之則流，昇之雲則雨，沉❸之土則潤，為江海而不務其大❹，在坎穴而不恥其小，分百川而不疲，利萬物而不辭，至柔者也。故老聃❺曰：「柔弱勝剛彊❻。」則含神體虛❼，專氣致柔❽者，得乎自然之元❾者也。

【章旨】本章以水為喻，讚美了無心、柔弱等美德。

【注釋】❶壅之則澄　水被堵塞住就會靜止下來變得澄清。壅，堵塞。❷決　排除阻塞物，疏通水道。❸沉　沉沒；滲透。❹為江海而不務其大　水形成大江大海，但它自己並不追求偉大。務，追求。水是無心的，所以說它雖然形成了大江大海，但它並不是有心要使自己成為偉大的事物。❺老聃　人名。即老子。老子姓李名耳，字聃。春秋末期人，道家的創始人。❻柔弱勝剛彊　柔弱可以戰勝剛強。本句見《老子》第三十六章。❼含神體虛　水的特性含有玄妙的道理，體現了虛靜的原則。神，玄妙。❽專氣致柔　結聚精氣以達到柔弱狀態。專，專一；結聚。致，達到。本句見《老子》第十章。❾元　首要；重要。指最重要的原則。

【語譯】水的特性，就是被堵塞了就會變得澄清，被疏通了就會向前流動，蒸發後上升為雲就會下雨，滲透到地下就會潤澤土壤，形成了大江大海而自己並非是有意要成為偉大的事物，聚集在小坎小穴之中也不會因為自己的渺小而感到羞恥，分流為千萬條河川而從不疲憊，施恩澤於萬物也從不拒絕，水達到了最柔弱的狀態。所以老子說：「柔弱能夠戰勝剛強。」水的特性裡包含著玄妙的道理，體現了虛靜的原則，它聚集精氣而達到了柔弱狀態，水掌握了大自然最為重要的原則。

## 三

夫水流濕❶，火就❷燥，雲從龍，風從虎，自然感應之理也。故神之召氣❸，氣之從神，猶此也。知自然之相應，專玄牝之歸根❹，則幾乎懸解❺矣。

【章　旨】本章用自然界的事物相互感應為例，說明只要歸依大道就能獲得精神解脫的道理。

【注　釋】❶水流濕　水向潮溼的地方流動。本句至「風從虎」見於《周易・乾卦・文言》。❷就　接近。❸神之召氣　精神能召來精氣。古人認為人由精神和精氣（即物質、肉體）構成，精神為主，精氣為輔。❹專玄牝之歸根　專注於大道，並歸向大道。玄牝，玄妙的母體。比喻大道。因大道能產生萬物，故喻大道為「玄牝」。玄，玄妙。牝，雌性的鳥獸。這裡泛指母體。根，指大道。因為大道是萬物的根源。本句可參閱《老子》第六章：「谷神不死，是謂玄牝。玄牝之門，是謂天地根。」❺幾乎懸解　基本上做到了自我解脫。幾，幾乎；基本上。懸解，解脫；自由。懸，懸掛；束縛。「懸解」一詞出自《莊子・養生主》。

【語　譯】水向潮溼的地方流動，火向乾燥的地方燃燒，雲跟隨著龍，風跟隨著虎，這體現了自然界事物相互感應的道理。所以說精神能夠召來精氣，精氣跟隨著精神，其道理就像上面講的一樣。知道了自然界事物相互感應的道理，就應該專注於大道並歸向大道，這樣基本上就能夠做到自我解脫了。

# 四

夫鳥飛於空，魚游於淵，非術❶也，自然而然也。故為鳥為魚者，亦不自知其能飛能游。苟❷知之，立心❸以為之，則必墮❹必溺矣。亦猶人之足馳、手捉、耳聽、目視，不待習而能之也。當其馳捉聽視之際，應機自至❺，又不待思而施之也。苟須思之而後可施之，則疲矣。是以任自然者久，得其常者濟❻。夫浩然而虛者❼，心之自然也。今人手足耳目，則任其自然而馳捉聽視焉。至於心，則不任其自然而撓焉❽，欲其至和而靈通❾也難矣。

【章旨】本章要求人們順應自然本性生活，不要對自然本性進行阻撓和破壞。

【注釋】❶術　辦法；技能。❷苟　如果。❸立心　有心；有意。❹墮　落下。❺應機自至　順應著客觀需要自然而然就做到了。機，時機；客觀環境。❻得其常者濟　掌握大道的人能夠成功。常，永恆不變。指永恆不變的大道。濟，成功。❼浩然而虛者　廣大寬闊而虛靜的。浩然，廣大寬闊的樣子。形容人心無所不能包容。❽撓焉　阻撓自然天性的發展。焉，代指自然天性。❾靈通　通達而有靈性。

【語　譯】鳥在天空飛翔，魚在深淵游蕩，這不是因為牠們掌握了什麼特殊技能，而是因為牠們自然而然地能飛能游啊。所以說作為鳥、魚本身，也不清楚自己為什麼能飛能游。如果牠們知道了其中的原因，有意地去飛去游，那麼鳥一定會墜落，而魚也一定會淹死。這也就好像人的腳能跑、手能握、耳能聽、目能看一樣，不需要學習就能做到。當人在跑、握、聽、看的時候，是順應客觀需要自然而然做到的，也不必思考一段時間後才去實施這些行為。如果需要思考一段時間然後才去實施這些行為，那麼人就活得太累了。因此順應自然本性生活的人就能長期生存，掌握了永恆不變的大道的人就能成功。廣闊而又虛靜的，是人心的自然天性。如今人的手腳耳目，可以任其自然地去跑、握、聽、看，然而對於人心，卻不能任其自然想像馳騁而去阻撓它，這樣一來要想使人心達到非常平和、通達且有靈氣的狀態，那就很困難了。

【研　析】本篇共分四章，分別闡述了無心、守柔、以學道求解脫、順應自然天性等四個問題。我們不可能面面俱到地都加以分析，只選取第一章中的「無心」主張予以討論。

所謂的「無心」，就是要做到心靈的徹底空靈，不帶有任何的主觀意志。作者認為如果能夠做到這一點，就可以永世長存而無絲毫災難了。作者的說法雖然有些誇張，但「無心」的確是一種非常有益的處世方法。《莊子・山木》中已經注意到了這一點：

方舟而濟於河，有虛舟來觸舟，雖有惼心之人不怒。有一人在其上，則呼張歙之，一呼而不聞，再呼而不聞，於是三呼邪，則必以惡聲隨之。向也不怒而今也怒，向也虛而今也實。人能虛己以遊世，其孰能害之！

大意是說，當一隻空船來撞自己時，即使心胸狹窄的人也不會發怒，因為空船是「無心」的；而如果是有人撐著船來撞自己，那就會使人怒不可遏，因為人是「有心」的。所以莊子要求人們應「虛己以遊世」，所謂的「虛己」，就是自己要保持「無心」的狀態。一個人即使做了壞事，但只要是出於「無心」，就很容易得到別人的諒解。我們打一個比方：如果是一個成年人抓住你的錢跑了，你一定會萬分生氣，大呼「搶劫」，繼而報警，一定想狠狠懲治此人；如果是一個兩歲幼童抓住你的錢走了，你知道後肯定不會生氣，甚至覺得很有趣，因為你清楚地知道幼童拿你的錢是無意識的，不是以佔有為目的，因為他還不知道錢為何物，他拿你的錢完全是「無心」的。

「無心」以處世不僅能避免別人的許多傷害，而且也能夠使自己永遠保持一種良好的心態。《鐵圍山叢話》卷三記載了這樣一件事情：

> 蔡君謨美鬚髯。一日內燕（宴），上顧問曰：「卿髯甚美，夜間將覆之衾下乎？將置之外乎？」君謨謝不知。及歸就寢，思上語，以髯置之內外悉不安，竟夕不寐。有心之為害，大率如此。

過去「無心」時，無論把鬍鬚放在哪裡，蔡君謨睡得都很安穩；一旦留心放置鬍鬚的位置，竟覺處處不妥，以至於徹夜難眠。因此許多文人對「無心」表示了極大的歡迎。白居易有四句詩：

我無奈命何，委順以待終。命無奈我何，方寸如虛空。〈達理二首〉其一）

一個人無法違背命運的安排，只能按照命運的指令過完自己的一生。但命運對一個「方寸如虛空」的人同樣無可奈何，因為「無心」之人，隨遇而安，無可無不可，命運無法給他帶來絲毫的痛苦。可能就是出於這些原因，无能子在本篇中說「無心」之人能夠「偕天壤以無彊，淪顥烝而不疲，而天下莫能與之爭矣」。對於「無心」之人，誰又會去同他爭奪什麼呢？

第八闋

第九闋

第十闋

# 卷中

# 文王說第一

【題解】文王說，論文王。文王，即周文王。姓姬名昌。周武王的父親。殷朝時的諸侯，居於岐山之下，因推行仁政而受到諸侯的擁護，曾被商紂王囚於羑里。獲釋後為西方諸侯之長，稱西伯。其子武王滅商建周。說，文體名。以議論為主。唐代此種文體十分盛行。本篇通過文王拜呂望為師的故事，闡述了以無為為主，以有為為輔，二者相輔相成的道理。

呂望❶釣於渭濱❷。西伯將畋❸，筮之❹。其繇❺曰：「非熊非羆❻，天遺爾師❼。」及畋得望，西伯再拜❽，望釣不輟❾。西伯拜不止，望箕踞❿笑曰：「汝何為來哉？」西伯曰：「殷⓫政荒⓬矣，生民荼⓭矣，愚⓮將拯之，思得賢士。」望曰：「殷政自荒，生民自荼，胡與於汝⓯？汝胡垢予⓰？」西伯曰：「夫聖人不藏用⓱以獨善於己，必盡智以兼濟萬物，豈無是⓲耶？」望曰：「夫人與鳥獸昆蟲共浮⓳於天地中，一炁而已。猶乎天下城郭⓴屋舍皆峙㉑於空虛者也。盡壞城郭屋舍，其空常空㉒。

若盡殺人及鳥獸昆蟲，其无常无。殷政何能荒耶？生民何謂荼耶？雖然，城郭屋舍已成不必壞，生民已形㉓不必殺，予將拯之矣。」乃許㉔西伯，同載而歸。

【章旨】本章寫在周文王的再三請求下，呂望終於同意幫助他推翻殘暴的商朝以拯救百姓。

【注釋】❶呂望　人名。即姜太公。西周初年人。本姓姜，因其祖先曾被封在呂地，故又姓呂。名尚，字子牙，號「太公望」。輔佐周文王、周武王，滅商後，被封於齊。❷渭濱　渭水岸邊。渭，水名。發源於今甘肅省內，流經陝西省，後匯入黃河。濱，水邊。❸西伯將畋　周文王將要出門打獵。西伯，西方諸侯之長。即周文王。周文王曾被商紂王封為西伯。畋，打獵。❹筮之　占卜打獵的情況。筮，用筮草占卜叫「筮」。❺繇　卜卦的占辭。❻羆　野獸名。形狀似熊，長頭高腳，憨猛多力。俗稱人熊。❼天遺爾師　上天送給你的老師。遺，贈與。爾，你。❽再拜　連拜兩拜。再，二。❾輟　停止。❿箕踞　伸開兩腿而坐。因其狀似箕，故稱「箕踞」。這是一種傲慢不敬的坐法。⓫殷　即商朝。商朝於盤庚時遷都於殷（在今河南省安陽市小屯村），故商又稱作「殷」。⓬荒　荒淫腐敗。⓭生民荼　百姓生活痛苦不堪。生民，百姓。荼，苦；痛苦。⓮愚　自我謙稱。⓯胡與於汝　與你有什麼關係？胡，什麼。⓰汝胡垢予　你為什麼要用這件事來玷污我呢？垢，污穢；玷污。古人以隱居為高潔，以出仕為卑下，故有此語。⓱用　作用；才能。⓲是　代詞。代指以上說法。⓳浮　生存。⓴城郭　古代重要城市一般有兩道城牆，內城叫「城」，外城叫「郭」。㉑峙　聳立。㉒其空常空　那個空間照常還是那個空間。指城郭屋舍的存亡絲毫不影響空間。㉓形　用作動詞。形成人。㉔許　同意；答應。

【語譯】呂望在渭水邊釣魚。周文王準備出門打獵，於是便占卜打獵的情況。占辭說：「這次打獵的收穫既不是熊，也不是羆，而是上天送給你的一位老師。」到了打獵時，果然遇到了呂望，文王向他連拜了兩拜，而呂望不予理睬繼續釣自己的魚。於是文王就在一邊不停地叩拜，呂望伸開雙腿坐在那裡，笑著問道：「你為什麼要來找我呀？」文王說：「殷朝的政治荒淫無道，百姓的生活痛苦不堪，我想拯救國家百姓，希望能得到賢人的幫助。」呂望說：「殷朝政治荒淫無道是殷朝自個兒的事，百姓生活痛苦不堪是百姓自個兒的事，這與你有什麼關係呢？你又何必拿這件事來玷污我呢？」文王說：「聖人是不會隱藏自己的才能以獨善其身的，而必定要竭盡才智以兼濟天下萬物，難道不是這樣嗎？」呂望說：「人與鳥獸昆蟲共同生活於天地之間，都不過是由氣形成而已。這就好比天下的城郭屋舍，都聳立於空間之中，如果把所有的城郭屋舍全部毀掉，那個空間照常還是那個空間。如果把所有的人和鳥獸昆蟲全部殺死，那些氣照常還是那些氣。殷朝政治又如何能夠荒淫無道呢？百姓生活又怎麼能夠說是痛苦不堪呢？雖說如此，城郭屋舍既然已經修成了就不必再去毀壞它們，百姓既然已經形成了生命就不必再去殺死他們，我準備去拯救他們。」於是呂望答應了文王的請求，與文王同車而歸。

太顛閎夭❶私於西伯曰：「公劉❷、后稷❸之積德累功，以及於王❹，王之德充乎❺祖宗矣。今三分天下，王有其二，亦可謂隆❻矣。呂望漁者爾，王何謂❼下之甚❽耶？」西伯曰：「夫無為之德，包裹天地；有為之德，開物❾成事。軒轅❿、陶唐⓫之為天子也，以有為之德，謁⓬廣成子⓭於崆峒⓮，叩⓯許由⓰於箕山⓱，而不獲其一顧⓲。矧⓳吾之德未迨⓴乎軒堯，而卑㉑無為之德乎？」太顛閎夭曰：「如王之說，望固㉒無為之德也，何謂㉓從王之有為耶？」西伯曰：「天地無為也，日月星辰運於晝夜，雨露霜雪零於秋冬㉔，江河流而不息，草木生而不止，故無為則能無滯㉕。若滯於有為，則不能無為矣。」呂望聞之，知西伯實於憂民，不利於㉖得殷天下，於是乎卒㉗與之興周㉘焉。

【章　旨】本章寫周文王重用呂望的原因，並解釋了無為與有為之間相輔相成的關係。

【注　釋】❶太顛閎夭　人名。周文王的大臣。❷公劉　人名。周部族的祖先，相傳為后稷的曾孫。❸后稷　人名。周部族的祖先。相傳他的母親曾欲棄之不養，故名棄。為帝舜的農官，封於邰，號「后稷」。❹王　指周文王。❺充乎　超過了。充，滿；多。❻隆　高；盛。❼何謂　即「何為」。為何。謂，通「為」。❽下之甚　太恭敬他了。下之，處於他之下。甚，太；過分。❾開物　開創事業。一說是揭示事物真象。❿軒轅　人名。即黃帝。相傳黃帝姓公孫，居住在軒轅之丘，故號「軒轅」。⓫陶唐　人名。即帝堯。堯最初住在陶，後封於唐，為唐侯，故稱「陶唐」。⑫謁　拜見。⑬廣成子　人名。傳說中的得道之人。⑭崆峒　山名。又作「空同」、「空桐」。黃帝拜見廣成子於崆峒山的事見於《莊子・在宥》。⑮叩　請求。⑯許由　人名。帝堯時的隱士。帝堯曾想把天下讓給許由，許由予以拒絕，逃入深山。事見皇甫謐《高士傳》。⑰箕山　山名。一說在今河南省登封縣東南，一說在今山西省和順縣東。⑱顧　理睬。⑲矧　況且；何況。⑳迨　達不到；比不上。㉑卑　低；看低。㉒固　確實。㉓何謂　即「何為」。為何。㉔零於秋冬　全年都在飄落。零，落。秋冬，代指一年四季。㉕無滯　不固執；不固守一端。㉖不利於　不是想獲取個人利益於。㉗卒　最終。㉘興周　使周國興旺強盛。

【語譯】太顛閎夭私下對文王說：「公劉、后稷不斷地積累自己的美德和功業，以至於發展到您這一代，您的美德已經超過了先祖。如今如果把天下分為三份的話，您已經佔有了其中的兩份，這也可以說是非常強盛了。呂望只不過是一個釣魚人而已，您為什麼要對他那樣的恭敬呢？」文王說：「清靜無為這種品德，可以囊括天地萬物；而奮發有為這種品德，就只能開創一些具體的事物，成就一些具體的功業。黃帝和帝堯當天子的時候，靠的就是奮發有為這種品德。而當黃帝去崆峒山拜見清靜無為的廣成子時，當帝堯去箕山請求把天下讓給許由時，廣成子和許由對他們毫不理睬。更何況我的品德還比不上黃帝和帝堯，又怎敢輕視清靜無為的品德呢？」太顛閎夭說：「按照您的說法，呂望確實具備了清靜無為的品德，但他為什麼又來跟隨您去幹奮發有為的事情呢？」文王說：「天地是清靜無為的，卻也讓日月星辰晝夜不停地運行，雨露霜雪一年四季不停地落下，江河不停地流動，草木不停地生長，因此做到了清靜無為就能做到不固執於一端。如果固執於奮發有為的話，就不能做到清靜無為了。」呂望聽說了二人的談話內容以後，知道文王確實是在憂國憂民，並非貪圖殷朝的天下以謀取私利，於是最終同文王一起使周國變得更加興旺強大。

【研　析】本篇藉周文王之口，討論了「無為」與「有為」的關係。關於「無為」的含義，我們在本書卷上〈明本〉的「研析」中已經介紹過，這裡我們就主要談談「有為」的含義。

在古文中，「有為」的用法比較多，在不同的語境中，具有不同的含義。總括起來，大約有以下幾種：

第一，一般人在使用這一詞語時都用作正面意義，類似今天說的年輕有為中的「有為」，也即有作為，有志氣。如《周易・繫辭上》說：「是以君子將有為也。」《孟子・滕文公上》說：「舜何人也，予何人也，有為者亦若是。」這裡所使用的「有為」包含的都是正面意義，不帶有任何貶義。我們今天使用「有為」這一詞語時，也多指這一意義。

第二，與「無為」相對，用作貶義。「無為」是順應自己的自然天性和客觀萬物而為，那麼字義與之相反的「有為」自然是不能順應自己的天性和客觀萬物而隨意妄為了，而隨意妄為則是道家所堅決反對的。在本書中就可以看到這一用法，如〈首陽子說〉中寫道：「夫無為則淳正而當天理，父子君臣何有哉？有為則嗜欲而亂人性，孝不孝，忠不忠，何異哉？」把「有為」與「無為」對立起來，明確反對搞亂人性的「有為」。這裡的「有為」就是指逆天性、萬物而妄為。

第三，以「無為」為前提的「有為」，也即正確的「有為」。我們在〈明本〉的「研析」中已經說過，「無為」不是什麼都不做，而是順物而為，這個「為」也就是「有為」。道家並不反對「有為」，老子多次說過：

為無為，則無不治。（《老子》第三章）

道常無為，而無不為。（《老子》第三十七章）

為學日益，為道日損。損之又損，以至於無為，無為而無不為矣！（《老子》第四十八章）

人們常說道家思想比較消極，其實這是誤解。道家思想表面上看似消極，而實際上他們是以消極的手段去達到積極的目的。道家提倡「無為」，絕不是為「無為」而無為，而是為了「有為」而無為。「無為」是為了研究規律、看準方向、積蓄力量，是為了厚積薄發、一舉成功。道家的「無為」具有積極的意義，因此從本質上講，「有為」與「無為」是一致的，只要這種「有為」不是胡作非為，不是逆物而為。

本篇中的「有為」用如第三種意義，也就是順物而為。呂望說：「城郭屋舍已成不必壞，生民已形不必殺，予將拯之矣。」已經存在的東西就應該讓它存在，這就是一種順物的行為。文王反對紂王，上順天意，下應民心，也是一種順物的行為。雖然呂望和文王有所作為，但這種作為是順物之舉，自然與「無為」並不矛盾。當然，本篇還是認為「無為」和「有為」有高低之分：「夫無為之德，包裹天地；有為之德，開物成事。」在作者眼中，「無為」要高於「有為」，「無為」是「有為」的基礎和前提，只有在「無為」原則的指導下，才能做到真正的「有為」。

# 首陽子說第二

【題解】首陽子說，論首陽子。首陽子，人的名號。指伯夷和叔齊。伯夷和叔齊是商末孤竹國君的兩個兒子。其父希望立次子叔齊為繼承人。其父死後，叔齊讓位給兄長伯夷，伯夷不受，叔齊也不願登位，二人都逃到周國。周武王伐紂時，兩人叩馬諫阻。武王滅商後，他們恥食周粟，逃入首陽山，後餓死山中。古人一般把他們作為高尚守節的典型，而本篇則批評他們不懂大道，以世俗的忠孝道德標準去進諫武王是為了獲取無用的美名。因此无能子認為他們不是自己志同道合的朋友。

文王歿❶，武王伐紂❷，滅之。伯夷、叔齊❸叩馬❹諫曰：「父死不葬，而起大事，動大眾，非孝也。為臣弒君❺，非忠也。」左右欲兵之❻，武王義❼而釋之。伯夷、叔齊乃反❽，隱首陽山❾，號首陽子。

【章旨】本章寫伯夷與叔齊進諫周武王失敗後隱居首陽山的經過。

【注釋】❶文王歿　周文王去世。文王，指周文王。歿，去世。❷武王伐紂　周武王討伐商紂王。武王，指周武王。姓姬名發，文王之子。後滅商建周。紂，指商紂王。商朝的最後一代君主，以殘暴著稱。❸伯夷叔齊　兩個人名。詳見本篇「題解」。❹叩馬　拉著武王的馬。叩，通「扣」。勒住；拉著。❺為臣弒君　當臣下的去殺害君主。古代稱子殺父、臣殺君為「弒」。當時紂王為天子，武王為諸侯，故有此語。❻左右欲兵之　武王身邊的侍衛要殺掉伯夷、叔齊。左右，指武王左右身邊的侍衛。兵，用作動詞。用兵器殺掉。❼義　意動用法。認為他們有正義感。❽反　通「返」。返回。❾首陽山　山名。在今山西省永濟縣境內。

【語譯】周文王去世後，周武王便興兵討伐商紂王，並滅掉了商朝。伯夷、叔齊曾拉住武王的馬進諫說：「父親剛剛去世還沒有埋葬，而您就去做這樣大的事情，興師動眾，這不能算是孝。您作為臣下去殺害君主，這不能算是忠。」武王左右的侍衛要殺掉伯夷、叔齊，武王覺得他們二人很有正義感，便命令放了他們。於是伯夷和叔齊只好回去了，隱居於首陽山，號稱首陽子。

「夫天下自然之時❶，君臣無分乎其間。為之君臣以別尊卑，謂之聖人者，以智欺愚也。以智欺愚，妄❷也。吾與汝嘗❸言之矣。妄為君臣之中，妄殷有稱❹。妄殷之中，妄辛❺有稱。妄辛之中，妄暴妄虐，以充妄欲❻。姬發❼之動亦欲也。欲則妄，所謂以妄取妄❽者也。夫無為則淳正而當❾天理，父子君臣何有❿哉？有為則嗜欲而亂人性，孝不孝，忠不忠，何異哉？今汝妄⑪吾之嘗言，又以妄說突其妄兵⑫，是求義聲⑬也。以必朽之骨⑭而迎⑮虛聲，是以風掇焰⑯也。姬發不兵汝，幸⑰也。兵之而得義聲，朽骨何有哉？夫龍暴其鱗，鳳暴其翼，必伺於漁者弋者⑱。悲乎！殆⑲非吾之友也。」

夷齊⑳於是逃入首陽山，罔知㉑所終，後人以為餓死。

【章　旨】本章主要寫作者假託以朋友的身分責備伯夷、叔齊不懂道家的無為思想，而以世俗的忠孝去進諫妄為的君主，並想以此邀取美名。本章表面上是在責備伯夷和叔齊，實際上是在規勸唐末亂世的人們。

【注　釋】❶自然之時　人們能夠順應自然天性生活的時代。即沒有君臣之分和各種禮義制度的遠古時代。❷妄　錯誤；胡作非為。❸嘗　曾經。❹有稱　有名。稱，名。❺妄辛　胡作非為的商紂王。紂王名受，號帝辛，史稱紂王。《謚法》：「殘義損善曰紂。」❻以充妄欲　以此來滿足自己非分的欲望。充，滿足。妄，非分；不該有的。❼姬發　人名。即周武王。❽以妄取妄　用一種胡作非為去取代另一種胡作非為。无能子認為紂王殘暴、武王伐紂，都是為了滿足各自的欲望，因而都是錯誤的。❾當　符合。❿何有　有什麼意義。⓫妄　意動用法。把……視為錯誤。也可理解為通「忘」，忘記。⓬又以妄說突其妄兵　又用一些胡言亂語去招惹那些胡作非為的軍隊。妄說，胡言亂語。突，衝突；冒犯。妄兵，胡作非為的軍隊。指武王伐紂的軍隊。⓭義聲　正義的名聲；美名。⑭必朽之骨　必死之身。⑮迎　迎取；獲取。⑯以風掇焰　以風滅火。掇，通「輟」。中止；滅掉。⑰幸　僥倖。⑱夫龍暴其鱗三句　如果龍暴露自己華美的身鱗，鳳暴露自己美麗的翅膀，一定會被那些打魚狩獵者所覬覦。伺，伺機得到；覬覦。弋，用絲繩繫著箭去射飛鳥叫「弋」。這三句比喻人如果顯露自己的才能和美德就會受到別人的忌妒和傷害。⑲殆　大概。⑳夷齊　伯夷、叔齊的略稱。㉑罔知　不知。罔，不。

**【語　譯】**「當天下的人們都能夠順應各自的自然天性生活的時候，在他們中間並沒有君臣之分。後來把人們劃分為君臣以區別尊卑貴賤，把一些人稱作『聖人』，用聰明人去欺騙愚笨人。用聰明人去欺騙蠢笨人，這是極為錯誤的。我曾經對你們談過這一點。在胡作非為的君臣之中，胡作非為的殷朝最有名。在胡作非為的殷朝君臣之中，胡作非為的紂王最有名。在胡作非為的紂王當政期間，倒行逆施暴虐無比，以此來滿足個人的非分欲望。姬發發動軍隊去討伐紂王，也是為了滿足自己的欲望。一旦有了個人欲望就會胡作非為，武王伐紂就是用一種胡作非為去取代另一種胡作非為。只有清靜無為才能使人性淳正，才符合天理，制訂父子君臣這些禮義制度又有什麼意義呢？一旦有所作為就會誘發人們的欲望，就會搞亂人的自然天性，那麼孝與不孝、忠與不忠又有什麼區別呢？如今你們把我曾經對你們講過的話當作胡言亂語，又用你們自己的胡言亂語去冒犯胡作非為的軍隊，你們這是在追求美名啊！拿必死之身去獲取一個虛名，這就好比用風去滅火那樣毫無作用。姬發沒有殺掉你們，那是你們的僥倖。如果殺掉你們而你們就得到了美名，然而美名對於已經被殺死的人又有什麼意義呢？如果龍暴露出自己華美的身鱗，鳳暴露出自己美麗的翅膀，就一定會被漁夫和獵人所覬覦。真是可悲呀！你們大概都不是我志同道合的朋友啊！」

伯夷和叔齊於是逃入首陽山中，不知道他們的最終結果如何，後人認為他們是餓死於山中。

【研析】伯夷和叔齊是歷史上著名的隱士，在多數人眼中，二人是品行高潔的典範，然而也有一些人對他們的行為提出了嚴厲的批評。通過後人對伯夷、叔齊的褒貶，我們可以看到人物評價標準中的許多有趣現象。

周武王討伐商紂王，伯夷、叔齊二人扣馬諫阻；武王滅商後，二人又以食用周朝的糧食為恥，於是逃入首陽山，以野菜為生，後來雙雙餓死山中。從這些事情來看，即使不說伯夷、叔齊與周武王是政治上的死敵，也可以說他們的政治見解是完全對立的。按照常理，讚美他們中的一方，就應該反對其中的另一方。反過來，反對他們中的一方，就應該讚美其中的另一方。然而事實並非如此，孔子對雙方都讚美，而无能子則對雙方都反對。

孔子視周文王、周武王為聖人，對於輔助武王滅商的周公更是佩服得五體投地，對武王滅商的行為也是讚揚有加，與商湯滅夏的行為一起稱之為「湯武革命」。孔子支持武王的原因很好理解，因為孔子是站在百姓的立場上，認為武王滅紂的行為是解民倒懸，客觀上對百姓有好處。但孔子同時又很支持武王的政治反對者伯夷和叔齊，這主要是因為孔子換了一個角度去評價二人。伯夷、叔齊棄君位而不顧，不但體現了父子兄弟之義，而且還表現了視富貴如浮雲的高潔品質。二人反對武王伐紂，並非是對紂王品行的肯定，而是為了維護君臣之間的上下關係。既然如此，孔子對他們當然也要加以讚揚了。孔子是用儒家的不同道德標準去評價武王和伯夷、叔齊。

无能子與孔子剛好相反，對武王和伯夷、叔齊都持反對態度。无能子反對武王的原因主要是認為武王伐紂的真實目的不是為了百姓，而是打著為民的旗號，實際上是為了滿足自己的私欲，也就是文中說的「姬發之動亦欲也」，因此武王沒有能夠做到道家所提倡的清靜無為。无能子反對伯夷、叔齊的原因，是因為他認為二人扣馬進諫的目的是為了博得美好的名聲，而貪圖美名同樣也是一種私欲。另外，伯夷和叔齊死守著世俗的倫理綱常不放，而无能子認為正是這些倫理綱常破壞了人類的自然天性，葬送了人類的美好生活。還有，无能子認為二人不懂得明哲保身的道理，他們扣馬而諫的行為就如同「龍暴其鱗，鳳暴其翼」一樣的愚蠢，這自然不符合道家的重生思想。无能子對武王和伯夷、叔齊——儘管他們也是政治上的對手——同樣嗤之以鼻。

這一有趣的人物評價現象，真可以用蘇東坡的「橫看成嶺側成峰」來概括。站在不同的立場上，就會對同一件事情作出不同的評價。反過來，如果用不同的標準去評價完全相反的行為，也能夠得出或都予以肯定、或都予以否定的相同結論。這一現象告訴我們，人事現象遠遠比自然現象要複雜得多，對某一個人、某一件事，特別是當他們剛剛出現時，我們最好是反覆斟酌，長期觀察，不可輕易去下結論。

# 老君說第三

【題解】老君說，論老君。老君，人名。即老子。春秋末年楚國苦縣（在今河南省鹿邑縣東）人。姓李名耳，字聃。俗稱老君或太上老君。為道家學派的創始人。道教出現後，奉老子為教主。唐高宗尊號老子為「玄元皇帝」，武則天時改稱「老君」。著有《老子》一書，又稱《道德經》。本篇主要寫老子批評孔子修五經、正人倫的行為，主張用清靜無為的原則治理國家。本篇還描寫了孔子因積極多為而遭遇到的苦難。

孔子定禮樂，明舊章❶，刪《詩》❷《書》❸，修《春秋》❹，將以正人倫❺之序，杜❻亂臣賊子之心，往告於老聃。老聃曰：「夫治大國者若烹小鮮❼，蹂❽於刀几❾則爛矣。自昔聖人創物立事❿，誘動人情，人情失於自然，而夭其性命者紛然⓫矣。今汝又文而縟之⓬，以繁⓭人情。人情繁則怠⓮，怠則詐，詐則益⓯亂。所謂伐天真⓰而矜己⓱者也，天禍必及⓲。」孔子懼，然亦不能遂已⓳。

既而⑳削跡於衛㉑，伐樹於宋㉒，饑於陳蔡㉓，圍於匡㉔，皇皇汲汲㉕，幾於不免㉖。孔子顧㉗謂顏回㉘曰：「老聃之言，豈是謂乎㉙？」

【注釋】❶明舊章　闡明原有的規章制度。❷詩　書名。我國最早的詩歌總集。先秦稱《詩》，後尊稱為《詩經》。為儒家五經之一。❸書　書名。又稱《尚書》、《書經》。是現存最早的關於上古時典章文獻的彙編。為儒家五經之一。❹春秋　書名。是孔子根據魯國史書修訂而成的一部編年體史書。為儒家五經之一。❺人倫　人與人之間的關係。倫，次序；關係。❻杜　杜絕；消除。❼小鮮　小魚。鮮，魚。本句見《老子》第六十章。❽蹂　通「揉」。用手揉搓。❾几　切肉用的砧板。❿創物立事　創造了許多事物，建立了許多制度。⓫紛然　很多的樣子。⓬文而縟之　對這些事物和制度加以文飾和增添。文，文飾。縟，繁瑣。指增加許多內容使之變得繁瑣。⓭繁　多；增加。⓮怠　鬆懈放縱。⓯益　更加。⓰伐天真　損害天然真性。⓱矜己　自我炫耀。矜，誇耀。⓲及　落在身上。⓳遂已　馬上停止自己的行為。遂，接著；馬上。已，停止。⓴既而　不久；後來。㉑削跡於衛　被衛國人趕了出去。削跡，消除足跡。指不讓孔子在衛國立足。衛，諸侯國名。在今河南省北部。孔子到衛國時，衛靈公對他不放心，派大臣去監視他，孔子只得離開衛國。㉒伐樹於宋　在宋國受到伐樹的羞辱和威脅。宋，諸侯國名。在今河南省商丘市一帶。孔子在宋國時，與弟子一起曾在一棵大樹下講習禮儀，受過孔子批評的宋國司馬桓魋派人砍倒了大樹，還想殺害孔子，孔子只好帶著弟子逃離宋國。㉓饑於陳蔡　在陳國和蔡國被圍挨餓。陳，諸侯國名。在今河南省淮陽縣一帶。蔡，諸侯國名。在今河南省上蔡縣、新蔡縣一帶。孔子在陳、蔡時，準備前往楚國，陳、蔡二國認為孔子去楚國對自己不利，便派兵把孔子師徒包圍起來，其間絕糧數日。後經楚國派兵營救方才脫險。㉔圍於匡　被圍困於匡地。匡，地名。在今河南省長垣縣。魯國人陽虎曾騷擾過匡地人，而孔子的相貌與陽虎相似，所以當孔子路過匡地時，被匡地人誤以為是陽虎，於是把孔子師徒圍困了五天。㉕皇皇汲汲　驚恐不安的樣子。皇皇，通「惶惶」。內心不安的樣子。汲汲，急迫的樣子。㉖幾於不免　幾乎死掉。不免，指不免於一死。㉗顧　回頭。㉘顏回　人名。孔子的弟子。姓顏名回，字子淵。㉙豈是謂乎　莫非說的就是這些事嗎？豈，難道；莫非。是謂，即「謂是」。說的是這些事。是，代詞。代指「削跡於衛」等事。

【語　譯】孔子制定了禮樂制度，闡明了原有的規章條文，刪定了《詩經》、《尚書》，撰寫了《春秋》，他想以此糾正人與人之間的貴賤秩序，消除亂臣賊子的反叛之心，然後又去把這些事情告訴老聃。老聃說：「治理大國就像烹調小魚一樣，如果把小魚放在刀砧上翻來覆去地多次揉搓，那麼小魚就會被揉爛。自從以前的聖人創制了各種事物和制度以後，就誘發了人們的情欲，而人們的情欲是不符合人的自然天性的，從而使許多人的生命半路夭折了。如今你又對這些事物和制度加以文飾和增添，以此誘發出人們的更多情欲。人的情欲多了就會鬆懈放縱，鬆懈放縱了就會產生欺詐行為，而欺詐行為就會使社會更加混亂。你就是人們所說的損害自我天然真性而喜歡自我炫耀的人，上天必定要降禍於你。」孔子聽後很恐懼，然而也沒有能夠很快終止自己的那些行為。

後來孔子在衛國無法立足，在宋國受到了伐樹的羞辱和威脅，在陳國和蔡國絕糧挨餓，在匡地被圍困，整天過著驚恐不安的生活，差一點死去。孔子回頭對顏回說：「老聃說的『上天必定要降禍於你』，莫非指的就是這些事情吧？」

【研　析】如何治理國家，是自古以來人們所討論的主題之一。作為道家，其治國的主要綱領就是清靜無為，而「治大國者若烹小鮮」則以形象的比喻說明了無為而治的主要內容。

國家就如同小魚一樣，不能不停地翻騰牠、揉搓牠，否則牠就會爛掉。不斷發動戰爭、大興土木、朝令夕改，都是治國的大忌。《韓非子．解老》對此解釋得十分清楚：「事大眾而數搖之則少成功，藏大器而數徙之則多敗傷，烹小鮮而數撓之則賊其澤，治大國而數變法則民苦之。是以有道之君貴靜，不重變法。」

西漢前期的政治是無為而治的典範，當時不僅很少戰爭和徭役，就連法律也很少變動。特別是曹參，他遵循著蕭何制定的政策，一無改變，百姓對此十分滿意，以至於用歌謠來讚頌他：「蕭何為法，講若畫一。曹參代之，守而勿失。載其清靖，民以寧一。」（《漢書．曹參傳》）清靜無為的政策甚至影響到了官員的任命，不少地方官員世代由子孫承襲，以至於人們忘記了他們的姓氏，而以官號相稱。清靜無為政策的執行使西漢文景時達到了空前的繁榮，糧食多得食用不完以至於腐爛，國家的金錢多得無法計算，就連普通百姓騎一匹母馬去參加聚會都會受人恥笑，這與西漢初年不少將相因無馬而不得不乘坐牛車的景象形成了鮮明的對比。這一政策到了漢武帝時發生了根本性改變，變無為政治為多為政治。武帝對內尊崇儒術，實行各項改革；對外用兵，開拓疆土；追求長生，大興土木。到後來，搞得國弱民貧，人口減半，使文景時的太平盛世成為了昔日黃花，西漢政權從此走向了衰落。

「治大國者若烹小鮮」這句古訓，清靜無為的治國策略，即使在今天也具有重要的借鑑作用。維護和平，制止戰爭；發展生產，與民休息；保持政策的一貫性和穩定性，對於如今的任何一個國家，都是十分重要的。

# 孔子說第四 二篇

【題解】孔子說，論孔子。孔子，人名。春秋末年魯國人。姓孔名丘，字仲尼。修訂五經，聚徒講學，開創了儒家學派。本篇共分兩個部分，第一部分讚美了孔子內省無愧、知命不憂的崇高思想境界，第二部分讚美了孔子的弟子原憲處於貧困之中而不改變高尚節操的行為。

## 一

孔子圍於匡❶，七日絃歌不輟❷。子路❸曰：「由聞君子包周身之防❹，無一朝❺之患。夫子聖人也，而饑於陳❻，圍於匡，何也？然而夫子絃歌不輟，罔有❼憂色，豈有術乎？」孔子曰：「由來，語汝，夫是非邪正由乎人，厚薄懸乎分❽，通塞存乎時❾。日月之照，不能免薄蝕❿之患。聖賢之智，不能移厚薄通塞之數⓫。君子能仁⓬於人，不能使人仁於我；我能義於人，不能使人義於我。匡之圍，非丘之罪也，丘亦不能使之不圍焉。然而可圍者，丘之形骸也。丘方惚無形於沖漠⓭，淪無情於杳冥⑭，不知所以憂⑮，故偶諧⑯於絃歌爾。」言未幾⑰，匡人解去。

【章　旨】本章讚美了孔子內省無愧、知命不憂的崇高思想境界。

【注　釋】❶圍於匡　見上篇注㉔。❷絃歌不輟　不停地彈琴唱歌。絃，琴絃。用作動詞。彈琴。輟，停止。❸子路　人名。孔子的弟子。姓仲名由，字子路。❹包周身之防　把自身防護得嚴嚴實實。❺一朝　一個早晨。形容時間極短。❻饑於陳　見上篇注㉓。❼罔有　沒有。❽厚薄懸乎分　所獲的多少則取決於命運。厚薄，多少；好壞。指命運好壞。懸，懸掛；聯繫。引申為取決於。分，命運。❾通塞存乎時　是順利還是困窘則取決於時代環境。通，順暢；順利。塞，困窘。存，存在於；取決於。❿薄蝕　日月相掩食。這裡泛指日食、月食。薄，迫近。古人認為日月接近後相互遮掩而產生日蝕、月蝕現象。⓫數　命運。⓬仁　愛。⓭丘方惚無形於沖漠　我正處於恍恍惚惚、無形無象的虛靜狀態。方，正在。惚，恍惚。似有似無的樣子。沖漠，虛靜。⓮淪無情於杳冥　處於沒有任何情感的高遠之處。淪，淪於；處於。杳冥，高遠不能見到的地方。以上兩句描寫孔子的精神已離開苦難的現實，飄向遙遠的地方。⓯所以憂　為什麼憂愁。⓰諧　和諧；使聲音和諧。引申為彈奏、演唱。⓱未幾　不久。

【語　譯】孔子被圍困在匡地時，整整七天都在不停地彈琴唱歌。子路說：「我聽說君子善於保護自我，不會有任何災難。而先生您是一位聖人，卻在陳國絕過糧挨過餓，現在又被圍困於匡地，這是為什麼呢？（處於如此困境之中，）然而先生您不停地彈琴唱歌，沒有絲毫憂愁的表情，您莫不是有什麼道術吧？」孔子說：「你過來，我告訴你。是做好事還是做壞事全在於個人，然而所獲多少則取決於命運，是順利還是困窘則取決於時代。日月能夠普照萬物，卻也不能免除被蝕掉的災難。聖賢雖然很有智慧，卻也不能改變自己生活好壞的命運。君子能夠去愛護別人，卻不能使別人也同樣來愛護自己；我能夠對別人講義氣，卻不能使別人也同樣對我講義氣。在匡地被圍困，並非我孔丘的過錯，我孔丘也不能使匡地的人不來圍困我。然而他們所能夠圍困的，只不過是我的形體而已。我的精神正處於似有似無、無形無象的虛靜狀態，不帶任何喜憂之情地飄向遙不可及的地方。我不知道為什麼要憂愁，因此就偶爾彈彈琴唱唱歌罷了。」孔子的話剛說完不久，匡地的人便解圍而去。

## 二

原憲❶居陋巷，子貢方相魯衛❷，結駟聯騶❸訪憲焉。憲攝❹弊衣。子貢曰：「夫子病耶？」憲曰：「憲聞德義不修謂之病，無財謂之貧。憲貧也，非病也。」子貢恥其言，終身不敢復見憲。

仲尼聞之曰：「賜也言失之也。夫拘於形者不虛❺，存於心者不淳❻，不虛則思之不清❼，不淳則其心不貞❽。賜近於驕欲❾，憲近於堅白❿，比之清濁，將去幾何⓫！」

【章　旨】本章讚美了原憲處於窮困之中而不改變高尚節操的行為。

【注　釋】❶原憲　人名。孔子的弟子。姓原名憲，字子思。❷子貢方相魯衛　子貢正在魯國、衛國當相國。子貢，人名。孔子的弟子。姓端木名賜，字子貢。相，輔助國君處理國事的最高官吏，後來稱宰相。魯，諸侯國名。在今山東省南部一帶。衛，諸侯國名。在今河南省北部一帶。❸結駟聯騎　指一輛連著一輛的車馬。駟，古代一車套四馬，因此稱四馬之車或車之四馬為「駟」。❹攝　持；拿。引申為穿。❺拘於形者不虛　注重形體外表的人內心不會虛靜。拘，約束於。引申為注重於。❻存於心者不淳　心存世俗成見的人就不會有淳樸的天性。❼清　明白。❽貞　正；正確。❾驕欲　傲慢多欲。❿堅白　志行堅定純潔。白，純潔。⓫將去幾何　相差將有多大啊！去，相去；相差。幾何，多少。

【語　譯】原憲居住在簡陋的小巷子裡，而子貢正在魯衛兩國當相國，子貢帶著大隊車馬去看望原憲。原憲穿著破爛不堪的衣服。於是子貢說：「先生是否出了什麼毛病啦？」原憲說：「我聽說品德沒有修養好才叫作出了毛病，沒有錢財叫作貧窮。我是貧窮，不是出了什麼毛病。」子貢聽了原憲的話感到十分羞愧，終生不敢再去見原憲。

孔子聽說了這件事，說：「子貢的話是說錯了。注重形體外表的人就不能做到內心虛靜，心存世俗成見的人就不會具備淳樸的天性，內心不虛靜而考慮問題就不會明白，不具備淳樸的天性而他的思想就不會正確。子貢的行為接近於傲慢多欲，而原憲的行為接近於堅定純潔，我把他們比作清水和濁水，其間的差別將有多大呀！」

【研　析】本篇主要是在描述聖人的崇高精神境界。這一崇高精神境界主要是指精神自由，也就是讓精神超越於世俗、傲視於世俗。要想超越、傲視世俗，其精神必須有所憑藉，這個憑藉就是崇高的品德和正確的思維方式。本篇第二部分中的原憲穿著破衣爛衫，卻能夠傲視身為相國、權勢顯赫的子貢，憑藉的就是自己的高尚道德。因為在原憲的心目中，自己是一位高貴的精神貴族，而子貢相對來說只能算是一個可憐的精神乞丐。那麼崇高精神境界的具體內容又是什麼呢？第一部分作了簡要的回答。

首先要做到內省無愧。孔子被包圍在匡地，生命時刻都處於危險之中，然而他卻能對不利於自己的現實視而不見，不停地彈琴唱歌，那是因為他自我反省，感到自己沒有做過對不起人的事情。既然被圍困不是自己的過錯，於是就能坦然處之。

其次是要懂得天命。孔子自稱「五十而知天命」，他雖然知道人事努力固然重要，但更知道天命難以違抗，也即他說的「聖賢之智，不能移厚薄通塞之數」。既然天命是人的力量所不能企及的，是人所無可奈何的，那就聽之任之好了。一個經過艱苦抗爭而又無法改變自己惡運的人，如果能把自己的一切遭遇都歸之於天命，那麼他就會「心安理得」，就能夠減輕不少的心理壓力。

第三要善於比較。善於比較是一門人生學問，在事業上，要與比自己強的人相比以激勵自己不斷努力；在生活上，要與不如自己的人相比以避免追求享受，這樣的人就能夠在平和的心態下不斷地進取。反之則會整天怨天尤人，一無所成。而孔子在困境之中是同日月相比。亙古永存、普照萬物的日月尚且不能逃脫被侵蝕的災難，更何況自己不過只是一個異常渺小的人呢！想到此，哪能不心平氣和呢！

第四要懂得把自己的肉體與精神分開。孔子認為自己的肉體是不自由的，所以被匡人圍困在這裡無法逃脫，但精神比肉體更為重要，而自己更為重要的精神卻是自由的。當孔子的肉體被匡人圍困之時，他的精神卻處於沒有任何喜怒哀樂的狀態，而且正飄飄蕩蕩地在遙遠的、世人無法達到的地方遨遊。只要更為重要的精神是自由的，那就不必為自己的臭皮囊被圍困而憂愁了。

以上所說，有的屬於道德修養，有的屬於思維方式。本篇所反映的孔子思想，很類似人們常說的「盡人事，聽天命」。「盡人事，聽天命」是一條非常有用的思維方式，一個人要不斷地修養自己的品德，積累自己的知識，至於自己的事業成功不成功，生活順利不順利，一切都付之天命決定。我們這裡所說的天命，既包括神祕莫測的命運，也包括人事方面的環境機遇。只要我們能夠確立「盡人事，聽天命」這一生活原則，我們就能夠心平氣和地度過自己的一生。而這一點無論是對自己的事業，還是對自己的健康，都是非常重要的。

# 第五

闕

# 范蠡說第六

【題解】范蠡說，論范蠡。范蠡，人名。姓范名蠡，字少伯。春秋楚國宛人。後到越國輔佐越王勾踐滅吳。功成後離開越國來到齊國，改名鴟夷子皮。後又到陶地稱朱公，經商致富，多次散金錢給親友。本篇通過范蠡與文種的對話以及二人的不同結局，闡述了道家功成身退的主張。

范蠡❶佐越王勾踐❷滅吳❸，殺夫差❹，與大夫種❺謀曰：「吾聞陰謀❻人者，其禍必復❼。夫姑蘇❽之滅，夫差之死，由吾與子❾陰謀也。況王之為人也，可與共患，不可共樂。且功成、名遂❿、身退⓫，天之理也。吾將退，子其偕⓬乎？」

大夫種曰：「夫天地之於萬物也，春生冬殺，萬物豈於冬殺而反禍天地乎？吾聞聖人不貴乎獨善，而貴乎除害成物。苟⓭成於物，除害可也。是以黃帝殺蚩尤⓮，舜去四凶⓯，我今除吳之亂，成越之霸⓰，亦成物除害爾，何禍之復我哉？況王方以滅吳得⑰子與我，必相始終⑱，子無遽⑲於退也！」

范蠡曰：「不然。夫天地無心，且不自宰⑳，況宰物㉑乎！天地自天地，萬物自萬物，春以和㉒自生，冬以寒自殺，非天地使之然㉓也。聖人雖有心，其用也體乎天地㉔。天地雖無心，機動則應㉕，事迫則順㉖，事過則逆㉗，除害成物，無所憎愛。故害除而無禍，物成而無福。今王以怨吳之心，祿㉘我與子以取其㉙謀。我與子利其祿㉚而謀吳，以滅人為功，以報祿我者㉛。人之姦㉜也，自謂㉝天地之生殺，聖人之除害成物，不其㉞欺耶？」大夫種不悅，疑之不決。

范蠡竟㉟辭勾踐，泛扁舟於五湖㊱，俄而㊲越殺大夫種。

【注釋】❶范蠡　人名。詳見「題解」。❷勾踐　人名。春秋時越國君主。曾敗於吳王夫差，後臥薪嘗膽，發憤圖強，終於滅掉吳國。越國在今浙江省一帶。❸吳　春秋諸侯國名。在今江蘇省南部及浙江省北部一帶。❹夫差　人名。吳國君主。夫差戰勝越國後，妄自尊大，後被越國擊敗，夫差自殺。❺種　人名。姓文名種，字少禽，一作子禽。越國大夫。他與范蠡一同輔佐勾踐滅吳，功成後被勾踐賜劍自殺。❻陰謀　祕密計謀；暗中算計。❼復　報復；報應。❽姑蘇　山名。在今江蘇省吳縣西南，後來也稱吳縣治所為姑蘇。吳縣為吳國都城，故這裡以「姑蘇」代指吳國。❾子　對對方的尊稱。您。❿遂　成功。⓫退　退隱。⓬偕　一起；共同。⓭苟　如果。⓮蚩尤　人名。曾製造兵器進攻黃帝，後被黃帝所殺。⓯去四凶　流放了四個凶人。去，除去；流放。四凶，指不服從舜的四個部落首領。即渾敦、窮奇、檮杌、饕餮。一說指共工、驩兜、三苗、鯀。⓰霸　霸主地位。⓱得　通「德」。感恩；感謝。⓲必相始終　一定會始終善待我們。⓳遽　快。⓴自宰　主宰自我。㉑宰物　主宰萬物。㉒和　溫和；溫暖。㉓使之然　使萬物如此。然，此；這樣。指春生冬死。㉔其用也體乎天地　他們在行動上體現了天地無心無為的原則。用，作用。引申為行動。㉕機動則應　時機出現了就去響應。動，出動；出現。㉖事迫則順　事情發生了就去順應。迫，迫近。引申為發生。㉗事過則逆　事情過去了就棄置不顧。逆，叛離。引申為棄置不管。㉘祿　俸祿。用作動詞。給俸祿。㉙其　代指范蠡、文種。㉚利其祿　貪圖他的俸祿。㉛祿我者　給我們俸祿的人。指勾踐。㉜人之姦　人們中間的狡詐者。姦，狡詐。㉝自謂　自己說；自我表白。㉞其　表委婉的語氣詞。㉟竟　最終。㊱五湖　湖水名。一說即今江蘇省吳縣西南的太湖，一說指太湖及其附近四湖。㊲俄而　不久。

【語譯】范蠡輔佐越王勾踐滅掉了吳國，殺死了吳王夫差，然後與大夫文種商議說：「我聽說暗中算計別人的人，也會受到相應的災難報應。吳國的被滅，夫差的被殺，都是我與您一同暗中算計的結果。何況越王勾踐的為人，只可與他共患難，不能與他共享樂；再說功成名就，自己就應退隱，這是天理啊。我準備退隱，您願意與我一起退隱嗎？」

大夫文種說：「天地對於萬物，春天時讓它們生長，冬天時讓它們死亡，萬物難道會因為在冬天死亡這件事而去傷害天地嗎？我聽說聖人看重的不是獨善其身，而是清除有害的東西以成就萬物。如果是為了成就萬物，那麼除掉有害的東西是完全可以的。因此黃帝殺掉了蚩尤，帝舜流放了四個凶人。我們如今除掉了暴虐的吳國，成就了越國的霸主地位，也算是成就萬物除掉有害東西的行為，怎麼會有災難來報應我們呢？更何況越王如今正在因為滅吳這件事感激您和我，一定會始終善待我們，您不要這樣快就退隱啊！」

范蠡說：「您說得不對。天地是沒有思想的，它們連自己尚且不去主宰，更何況去主宰萬物呢！天地是天地，萬物是萬物，因為春天溫暖所以萬物就自己生長起來了，因為冬天寒冷所以萬物就自己死去了，並非天地讓萬物春生冬死。聖人雖然有思想，但他們的行為體現了天地無心無為的原則。天地雖然沒有思想，但時機出現了它們就去響應，事物發生了它們就去順從，事情過去了它們就棄置不顧，天地除掉有害的東西以成就萬物，並沒有帶絲毫愛憎之情。因此天地除掉了有害的東西而自己不會有什麼災難，成就了萬物而自己也不會有什麼幸福。如今越王懷著仇恨吳國的思想，給我們俸祿以換取我們的計謀。我和您貪圖他的俸祿而去算計吳國，把消滅別人當作自己的功勞，以此來報答給我們俸祿的越王。有一些狡詐的人，把自己的行為說成是像天地那樣生養萬物或殺滅萬物，像聖人那樣除掉有害東西以成就萬物，這不是在騙人嗎？」大夫文種聽了很不高興，在是否隱退的問題上猶豫不決。

范蠡最終離開了勾踐，乘小船隱居於五湖一帶。此後不久，越王勾踐殺掉了大夫文種。

【研　析】本篇的主旨是在闡述道家的功成身退思想，最早提出這一思想的應是《尚書》，據《史記・范雎蔡澤列傳》引該書說：「成功之下，不可久居。」道家的創始人老子把這一思想概括為：

功成名遂，身退，天之道。（《老子》第九章）

為什麼說「功成名遂，身退」是「天之道」呢？古人觀察到：春天完成自己的使命之後，就自動讓位於夏天；白天完成自己的使命之後，就自動讓位於黑夜。這一類的自然現象很多，於是道家認為人應效法上天，也該如此。當一個人功成名就之時，就應該自動退位，不然就不符合天理，而不符合天理是會召來災難的。

道家如此把人事同自然現象類比，給人以一種生硬的感覺。然而功成名就身退的確體現了很高的人生智慧。因為當一個人功成名就之後依然貪戀高位的話，必定會召來人們的嫉妒，甚至會引起君主的猜疑，那麼他的處境之危險就可想而知了。歷史上這一類正反事例舉不勝舉，范蠡功成身退能安度晚年，文種貪戀名位被賜劍自殺；范雎功成身退而身名俱全，商鞅貪戀名位被車裂以徇。在秦漢之際，也有兩個十分典型的例子，一個是李斯，一個是張良。李斯輔佐秦始皇統一天下，並制定了一系列統治措施，可以說是功蓋天下。當他位極人臣時，也曾想到過激流勇退，然而終因捨不得名利富貴，最終全家被殺，為天下人所恥笑。張良輔佐劉邦佔有天下之後，便「願棄人間事，欲從赤松子遊」（《史記・留侯世家》），學習辟穀、導引去了。所謂「棄人間事」，就是拋卻人間的榮華富貴，離開勾心鬥角的官場，也就是功成身退，張良也因此得以善始善終，後來還被張道陵（張天師）奉為先祖。

自從范蠡功成身退之後，他就成為許多文人效仿的對象。李白寫道：「待吾盡節報明主，然後相攜臥白雲。」（〈駕去溫泉後贈楊山人〉）「功成身不退，自古多愆尤。」（〈古風〉）李商隱在〈安定城樓〉中更直接引用范蠡的典故，說：「永憶江湖歸白髮，欲回天地入扁舟。」功成身退的確是一種明智的身名兼顧的處世原則，體現了道家的超人智慧。

最後順便提到的是，本文的主人公范蠡的老師是文子（又稱計然），而文子是老子的弟子。也就是說，范蠡是老子的再傳弟子。范蠡能夠用道家思想來指導自己的人生，自然是受其老師的影響，他說的「功成、名遂、身退，天之理也」是直接來自《老子》。

# 宋玉說第七

【題 解】宋玉說，論宋玉。宋玉，人名。戰國時楚國人。著名的辭賦作家。或說為屈原的弟子，曾為楚頃襄王大夫。《漢書．藝文志》著錄宋玉的辭賦十六篇，今多佚。現存作品十餘篇，除〈九辯〉、〈招魂〉外，其他疑為後人偽託。本篇寫宋玉先後兩次用道家思想去勸告屈原不可極諫楚王，不可為自己被流放而悲傷，屈原均未接受，最終投汨羅江而死。

屈原❶仕楚，為三閭大夫❷。楚襄王❸無德，佞臣靳尚❹有寵，楚國不治❺。屈原憂之，諫襄王，請斥❻靳尚。王不聽，原極❼諫。

其徒❽宋玉❾止之曰：「夫君子之心也，修乎己不病乎人❿，晦其用⓫不曜⓬於眾，時來則應，物來則濟⓭，應時而不謀己⓮，濟物而不務功⓯，是以惠無所歸⓰，怨無所集⓱。今王方眩於佞口⓲，酣⓳於亂政，楚國之人，皆貪靳尚之貴而響隨之⓴。大夫乃孑孑然㉑挈㉒其忠信而叫譟㉓其中，言不從，國不治，徒彰乎彼非我是㉔，此賈仇而釣禍㉕也。」原曰：「吾聞君子處必孝悌㉖，仕必忠信。得其志㉗，雖死猶生；不得其志，雖生猶死。」諫不止。靳尚怨之，讒於王而逐㉘之。原彷徨湘濱㉙，歌吟悲傷。

【章旨】本章寫宋玉勸告屈原不可多次極諫楚王，屈原不聽，結果被流放。

【注釋】❶屈原　人名。戰國時楚人。姓屈名平，字原。先後於楚國任左徒、三閭大夫。後遭讒毀被流放江南，投汨羅江而死。屈原作〈離騷〉等多篇詩辭，對後世文學影響巨大。❷三閭大夫　官職名。掌管與楚王同族的昭、屈、景三姓事務。屈原與楚王同族，故任此職。❸楚襄王　楚國君主。又作楚頃襄王。名橫。楚懷王之子。❹靳尚　人名。楚國大臣。❺不治　不安定。治，安定。❻斥　罷黜。❼極　極力；竭力。❽徒　弟子。❾宋玉　人名。詳見「題解」。❿病乎人　責備別人的過失。病，認為別人有毛病而批評別人。⓫晦其用　隱藏自己的才能。晦，不顯露。用，作用；才能。⓬曜　炫耀。⓭濟　成功；辦好。⓮謀己　為自己謀名利。⓯務功　追求自己建功。務，追求。⓰惠無所歸　好處不會落在自己身上。惠，恩惠；好處。⓱怨無所集　怨恨不會落在自己身上。集，落在。⓲眩於佞口　受到花言巧語的迷惑。眩，迷惑。佞，善於花言巧語。⓳酣　沉迷於。⓴響隨之　追隨著他。響，回聲。比喻人們追隨靳尚如同回聲追隨聲音一樣。㉑孑孑然　孤獨的樣子。㉒挈　攜帶。引申為懷著。㉓叫譟　呼籲。㉔徒彰乎彼非我是　只是暴露了他們的錯誤、顯示了自己的正確而已。徒，僅僅；只是。彰，顯明。㉕賈仇而釣禍　招來仇恨和災禍。賈，買。引申為招來。釣，釣來；招來。㉖處必孝悌　在家一定要孝敬父母、敬重兄長。處，在家。悌，敬重兄長。㉗得其志　實現了這一願望。㉘逐　放逐；流放。㉙湘濱　湘江岸邊。湘，水名。即湘江。源出廣西，流經湖南入洞庭湖。濱，岸邊。

【語譯】屈原在楚國做官，任三閭大夫一職。楚襄王昏庸無道，寵信姦佞之臣靳尚，楚國因此而動亂不安。屈原為此十分擔憂，進諫楚襄王要求罷黜靳尚。楚襄王沒有聽從屈原的諫言，而屈原繼續竭力進諫。

屈原的弟子宋玉勸阻屈原說：「君子的想法，就是修養好自身的品德而不去批評別人的錯誤，隱藏自己的才能優點而不炫耀於眾，時機出現了就去抓著這個時機，事情出現了就盡力去辦好這件事情。君子善於抓住時機但不為自己謀取名利，善於辦事但不求自己建功立業。因此君子不會得到什麼好處，也不會招來別人的怨恨。如今楚王正受一些花言巧語的迷惑，熱衷於推行一些不合理的政策。楚國的人們，都羨慕靳尚的榮華富貴而緊緊地追隨於他。而您卻孤零零地一個人懷著滿腔的忠誠，在他們中間大聲呼籲，結果還是沒有人聽從您的話，楚國照樣是混亂不堪，您這樣做僅僅是把他們的錯誤和您的正確揭示於大眾而已，而這是會招來仇恨和災難的。」屈原說：「我聽說君子在家時一定會孝敬父母、尊重兄長，出仕後一定會忠誠於君主。如果能夠實現這一願望，雖死猶生；如果不能實現這一願望，雖生猶死。」於是屈原依然不停地進諫楚襄王。靳尚非常痛恨屈原，便在楚襄王面前講屈原的壞話，屈原最終被流放了。屈原徘徊於湘江岸邊，吟唱著悲傷的詩歌。

宋玉復喻[1]之曰：「始大夫孑孑然挈忠信而叫譟於群佞之中，玉為大夫危之[2]，而言之舊[3]矣。大夫不能從，今胡[4]悲耶？豈爵祿是思[5]，國壞是念❻耶？」原曰：「非也。悲夫忠信不用，楚國不治也。」

玉曰：「始大夫以為死孝悌忠信❼也，又何悲乎？且大夫貌容形骸，非大夫之有也。美不能醜之，醜不能美之；長不能短，短不能長；彊壯不能尪弱❽之，尪弱不能彊壯之；病不能排❾，死不能留。形骸似乎我者也，而我非可專一❿。一身尚若此，乃欲使楚人之國由我理亂⓫，大夫之惑亦甚矣！夫君子寄形⓬以處世，虛心⓭以應物，無邪無正⓮，無是無非，無善無惡，無功無罪。虛乎心，雖桀紂蹻跖，非罪也⓯。存乎心，雖堯舜夔契，非功也⓰。則大夫之忠信，靳尚之邪佞，孰分其是非耶⓱？無所分別，則忠信邪佞一也。有所分，則分者自妄⓲也。而大夫離真以襲妄⓳，恃己⓴以黜㉑人，不待王之棄逐，而大夫自棄矣。今求乎忠信而得乎忠信，而又悲之而不能自止，所謂兼失其妄心㉒者也。玉聞上達節㉓，中守節㉔，下失節㉕。夫虛其心而遠於有為者，達節也；存其心㉖而分是非者，守節也；得其所分又悲而撓之者㉗，失節也。」

原不達㉘，竟沉汨羅㉙而死。

【章旨】本章寫屈原再次拒絕聽從宋玉的勸告，最終投江自殺。

【注釋】❶喻　說明；勸告。❷危之　為您的危險處境而擔心。危，意動用法。認為危險。❸言之舊　說的都是過去的事情了。❹胡　為什麼。❺爵祿是思　即「思爵祿」。留戀爵位俸祿。❻國壤是念　即「念國壤」。思念祖國故土。國，祖國。也可理解為國都。壤，土；故土。❼死孝悌忠信　為孝敬父母、尊重兄長、忠於君主而獻身。死，為……而死。❽尪弱　瘦小虛弱。❾排　除去。❿專一　專為自己所有。一，完全。⓫由我理亂　由自己去把混亂的局面治理好。我，自己。指屈原。⓬寄形　寄託自己的形體於世。即生活於世。⓭虛心　讓心處於沒有任何成見的虛靜狀態。⓮無邪無正　心中不存有邪正之見。即內心不去分別邪惡與正確。這一主張即莊子說的「萬物齊一」思想。當一個人的心境處於極度虛靜的狀態時，善惡對他來說都是一樣的。⓯虛乎心三句　如果內心沒有作惡的念頭，即使像夏桀、商紂、莊蹻、盜跖那樣做盡了壞事，也不算有罪過。虛乎心，內心虛靜，沒有作惡的念頭。雖，即使。桀，人名。夏朝最後一代君主，以殘暴著稱。紂，人名。商朝最後一代君主，以殘暴著稱。蹻，人名。姓莊名蹻。先秦時代的強盜首領。跖，人名。先秦時代的強盜首領，史稱「盜跖」。⓰存乎心三句　如果存有名利之心，即使像堯、舜、夔、契那樣做了許多好事，也算不上什麼功德。夔，人名。舜帝時的賢臣，掌音樂。契，人名。舜帝時的賢臣，掌教化。⓱孰分其是非耶　怎麼能分辨出是非呢？孰，怎麼。本句是說屈原和靳尚都是有心之人，沒有做到道家所倡導的無思無慮，因而都是錯誤的。⓲自妄　自己錯了。⓳離真以襲妄　拋棄了自己的真實天性而採取錯誤的行為。襲，襲取；採取。⓴恃己　依仗自己的才華。㉑黜　罷黜；貶低。㉒兼失其妄心　連同自己的錯誤思想也沒有保持住。宋玉認為屈原有意地去遵循世俗提倡的忠信品質，這本來就是一種錯誤的思想。如今屈原已經做到了忠信，卻又為此而憂傷，可見他連這種錯誤思想也沒能保持住。也就是說，屈原是錯上加錯。㉓上達節　思想境界最高的人明白什麼是真正的節操。上，指思想境界最高。達，明白。節，節操。指道家提倡的清靜無為品質。㉔守節　堅守世俗節操。㉕失節　失去節操。㉖存其心　指心存世俗道德標準。㉗得其所分又悲而撓之者　得到了自己所想得到的東西卻又為此而內心悲傷煩亂的人。分，所應或所想得到的東西。撓，擾亂；煩亂。本句是在暗示屈原做到了自己所想做到的忠信，卻又為此而煩惱。㉘不達　沒有明白；沒能想通。㉙汨羅　水名。在今湖南省東北部。

【語　譯】宋玉再一次勸解屈原說：「當初您孤零零地一個人滿腔忠誠地在眾多姦佞小人之中大聲呼籲，我真為您的危險處境而擔心，不過這些都已經是過去的事情了。您沒有聽從我的勸告，如今又為何而悲傷呢？難道是因為留戀爵位俸祿、思念故國家鄉嗎？」屈原說：「不是因為這些。我傷心的是自己一片忠心而得不到重用、楚國混亂而得不到治理啊！」

宋玉說：「當初您就認為自己應該為孝敬父母、尊重兄長、忠於君主而獻身，既然如此您又傷心什麼呢？再說就連您自己的容貌形體，都不屬於您個人所有。一個人長得美麗就不能使自己變得醜陋，長得醜陋也不能使自己變得美麗；長得高大就不能使自己變得短小，長得短小也不能使自己變得高大；長得強壯就不能使自己變得瘦弱，長得瘦弱也不能使自己變得強壯；有病不能消除，死時無法挽留。我們的身體看起來似乎屬於我們自己所有，而實際上我們並不能完全掌握它。自己的身體尚且如此，而您卻想讓屬於整個楚國人所有的的楚國由您來治理好，您真是太糊塗了！君子生存於世間並與世間萬物交往，應該以一顆虛靜之心去順應萬物，心中不可存有邪正之見，不可存有是非之見，不可存有善惡之見，不可存有功罪之見。只要內心不存有作惡的念頭，即使像夏桀、商紂、莊蹻、盜跖那樣做盡了壞事，也不能算是有罪過。如果存有名利之心，即使像堯、舜、夔、契那樣做了許多好事，也算不上有什麼功德。這樣說來您的忠誠與靳尚的邪佞，又怎麼能夠分別出個是非呢？如果不去分別，那麼忠誠與邪佞就是一樣的；如果去分別，那麼這個分別者的行為本身就是錯誤的。然而您就是拋棄了自己的真實天性而採取了錯誤行為，依仗自己的美德俊才而去貶低別人，根本不必等到楚王流放您，而您自己早就把自己流放了。如今您追求忠誠的品質而得到了忠誠的品質，卻又為此而悲傷不已，您就是人們所說的連自己的錯誤思想都沒能保持住的人啊！我聽說思想境界最高的人懂得什麼是真正的節操，境界一般的人堅守著世俗所謂的節操，而境界低下的人往往喪失節操。那些心境虛靜而不去汲汲有為的人，是真正懂得節操的人；心存世俗道德標準而去明辨是非的人，是堅守世俗節操的人；得到了自己所想得到的東西卻又為此憂傷煩亂的人，就是喪失節操的人。」

屈原還是想不通，最終自投汨羅江而死。

【研　析】人生在世，會遇到許多不如人意的事情，《莊子・盜跖》就說過：「人上壽百歲，中壽八十，下壽六十，除病瘦死喪憂患，其中開口而笑者，一月之中不過四五日而已矣。」一月之中有四五天的高興日子，對於今天的一些人來說，大概還是一個比較樂觀的估計。面對人生的苦難，特別是面對著個人無法克服的苦難，一個人該怎麼辦呢？本篇提供了兩種比較典型的處理辦法。

一種是以屈原為代表的態度，用他自己的話說就是「亦余心之所善，雖九死其猶未悔」（〈離騷〉）。當自己的理想不能實現時，當自己受到小人的迫害時，奮起抗爭，不達目的絕不罷休，即使付出生命也在所不惜。

另一種是以宋玉為代表的態度，就是用各種可以減輕心理壓力的理論進行自我安慰，從而尋求精神上的解脫。宋玉認為，連自己的身體尚且不屬於自己所有，因為連自己也無法改變自身美醜長短的既定事實，更何況想去改變偌大的、屬於別人的楚國呢！因此主張以一種虛靜無欲的態度去對待社會，做到「修乎己不病乎人，晦其用不曜於眾，時來則應，物來則濟，應時而不謀己，濟物而不務功」。如果各種機遇好，就去兼濟天下；當時運不佳、自己無法兼濟天下的時候，就安心地去獨善其身。

如果抽象地去評論，我們很難說這兩種處世態度誰優誰劣，因為堅定不移、勇於犧牲的精神和善於自我安慰的精神都是人們的生活所必須的。但具體到屈原這件事情本身來看，我們會更傾向於贊同宋玉的態度。社會的力量是強大的，而一個人的力量相對是渺小的，當一個人有力量改變所處的社會環境時，自然應該全力以赴；而當一個人完全不可能改變現實時，那麼最好的辦法就是調整自我，使自己盡快地去適應這個社會。屈原在無法改變現實的時候，用歌聲去表達自己的不滿，這是文人的一貫作法，也無可厚非，但他不應該自沉汨羅，這樣做不僅白白丟掉了自己的生命，而且也完全失去了改變現實的一絲希望。對於屈原的自殺，大多數的古人，如揚雄、酈道元、蘇軾等，都是不贊成的，張可久在〈醉太平・無題〉中甚至提出「清濁混沌待殘年，休呆波屈原」的觀點。我們同樣不贊成自殺行為，因為在這個世界上，生命最為可貴，留住了生命，無論對個人，還是對整個社會，就等於留住了希望；而主動放棄生命，就等於主動放棄了一切。忍耐一下子，也許一切都會改變。

我們很贊成儒家的「達則兼善天下，窮則獨善其身」的觀點，也很贊成道家清靜無為的思想，當一個人不得不獨善其身的時候，多讀一些道家道教的作品，以便從中尋到能使人安身立命的精神家園，然後在這片精神家園之中靜待時機的到來，這實在不失為一種明智之舉。

# 商隱說第八

【題 解】商隱說，論商山隱士。商，山名。在今陝西省商縣東。隱，隱士。這裡指西漢初年住在商山的四位隱士。他們是夏黃公、角里先生、東園公、綺里季。因四人年事已高，鬚眉皆白，故稱「商山四皓」。四皓不應高祖劉邦之召，後出山輔佐太子劉盈。事見《史記・留侯世家》及《漢書・張良傳》。本篇比較詳細地介紹了四皓出山輔佐太子的動機以及他們對這段經歷的深刻反省。

漢高帝嬖於戚姬❶，欲以趙王如意❷易❸太子盈❹。大臣不能爭❺。呂后危之❻，謀於留侯張良❼。良曰：「夫有非常之人，然後成非常之事。良聞商洛山❽遁者❾四人，曰夏黃公、角里先生、東園公、綺里季。上❿嘗召不能致。今太子實能自卑⓫以求之，四人且⓬來。來而賓⓭太子，此善助也。」呂后如良計，遣呂澤⓮迎之。

四人始恥之⓯，既而⓰相謂曰：「劉季⓱大度，又知所以高我⓲，求我不得，慙己⓳而已矣。呂雉⓴女子，性復慘忍㉑，其子盈不立，必迫於危。危而求我，安危卜㉒於我也。求我不得，必加禍於我，姑俞之㉓可也。」乃來。

【章　旨】本章寫商山四皓迫於呂后的淫威，進京輔佐太子。

【注　釋】❶漢高帝嬖於戚姬　漢高祖劉邦十分寵愛戚姬。漢高帝，即漢高祖。姓劉名邦，字季。秦末沛縣人。後起兵推翻秦朝，擊滅項羽，建立漢朝。嬖，愛幸；寵愛。戚姬，人名。漢高祖的妃子，趙王如意的母親。因爭立太子而與呂后結怨。高祖死後，戚姬被呂后所害。❷如意　人名。高祖與戚姬所生子，封趙王。後被呂后毒死。❸易　替代。❹盈　人名。高祖與呂后所生子。時為太子，後繼承帝位，史稱漢孝惠帝。❺爭　爭諫；勸阻。❻呂后危之　呂后十分擔憂此事。呂后，漢高祖之妻，漢孝惠帝之母。名雉。惠帝死後，臨朝稱制，主政八年。危，感到危險。❼張良　人名。字子房。輔佐劉邦統一天下，因功封留侯。❽商洛山　山名。又稱「商山」、「商嶺」。在今陝西省商縣東。❾遁者　隱士。遁，逃避；隱居。❿上　皇上。指漢高祖。⓫自卑　使自己謙卑。⓬且　將。⓭賓　賓客；門客。用作動詞。做門客。⓮呂澤　人名。呂后的長兄。⓯恥之　為此而感到羞恥。⓰既而　不久；後來。⓱劉季　即劉邦。劉邦字季。商山四皓直呼高祖姓名，表現了他們的傲世之情。⓲所以高我　為什麼應該尊敬我們。高，認為高尚；尊敬。⓳慙己　自我慚愧。⓴呂雉　人名。即呂后。呂后名雉。㉑慘忍　殘忍。㉒卜　決定；取決於。㉓俞之　答應她。俞，答允；同意。

【語　譯】漢高祖非常寵愛戚姬，想讓她的兒子趙王如意替代太子劉盈繼承帝位。大臣們都無法勸阻。呂后為此事十分擔憂，就去同留侯張良商議。張良說：「只有不平凡的人，才能做成不平凡的事情。我聽說商洛山中有四位隱士，名字叫夏黃公、甪里先生、東園公、綺里季。皇上曾徵召他們而他們拒絕出山。如今太子如果真的能夠十分謙恭地去請求他們，他們四人將會來到京城，來京後做太子的門客，這對太子將是一個很好的幫助。」呂后按照張良的計謀，派長兄呂澤前去迎請四位隱士。

四位隱士剛聽到此事時深感羞恥，後來又在一起商議說：「劉季這個人肚量大，又知道為何應該尊重我們，他徵召我們而被我們拒絕，他也不過是自我慚愧一陣子而已。呂雉是個女人，生性又很殘忍，她的兒子劉盈如果不能繼承帝位，她就會陷入危險之中。陷入危險之中而來向我們求救，她的生死安危就取決於我們的態度。如果求救於我們而遭到拒絕，她就一定會加害於我們，姑且答應她才算恰當。」於是四位隱士來到了京城。

一日偕❶太子進❷。高祖見而問之，四人咸自名❸。帝愕然❹曰：「吾嘗求之而不從吾，何謂❺從太子？」四人曰：「陛下慢人❻，我義❼不受辱。太子尊人，我即以賓游❽。」帝謝❾之。指❿謂戚姬曰：「太子羽翼成矣，不可搖也。」

呂后德之⓫，將尊爵之⓬。四人相謂曰：「我之來，遠⓭禍也，非欲於心⓮也。盈立則如意黜，呂雉得志則戚姬死。今我懼禍，成盈⓯而敗如意，歡⑯呂后而愁⑰戚姬，所謂廢人⑱而全己，殆⑲非殺身成仁者也。復將忍恥，爵於女子之手⑳，以立於廷㉑，何異賊人夕入人室、得金而矜富㉒者耶？」乃復隱商山，呂后不能留。

張良亦悟，於是屏氣㉓絕穀㉔而退居㉕爾。

【章　旨】本章寫商山四皓在保住太子地位之後，拋卻名利，告別朝廷，再次歸隱商山。

【注　釋】❶偕　一起。❷進　指進皇宮。❸咸自名　都自報姓名。咸，都。❹愕然　吃驚的樣子。❺何謂　即「何為」。為何。謂，通「為」。❻慢人　怠慢別人；待人傲慢。❼義　原則。❽以賓游　以賓客的身分與太子交往。游，通「遊」。交遊；交往。❾謝　道歉。❿指　指著四位隱士。⓫德之　感謝他們。德，用作動詞。感恩戴德；感激。⓬尊爵之　封給他們高貴的爵位。⓭遠　遠離；逃避。⓮欲於心　發自內心的願望；自願。⓯成盈　使劉盈成功。⓰歡　高興。使動用法。使……高興。⓱愁　使動用法。使……發愁。⓲廢人　廢除別人；傷害別人。⓳殆　大概。⓴爵於女子之手　從女人手中接受爵位。女子，指呂后。㉑立於廷　在朝廷做官。立，立於；處於。引申為做官。㉒矜富　誇富。矜，自誇。㉓屏氣　排除雜念，呼吸吐納。屏，排除。氣，指呼吸吐納。道教的一種養生術，通過調理呼吸以達到健身長生的目的。類似今天的氣功。㉔絕穀　又叫「辟穀」、「休糧」等。即不吃五穀。道教養生方術。通過呼吸導引、不吃五穀等方法，以達到成仙的目的。㉕退居　退隱。

【語　譯】有一天，四位隱士陪同太子一起進宮。高祖看見後就詢問他們是何人，四位隱士都各自報上姓名，高祖吃驚地說：「我曾經召請過你們而你們不肯跟隨於我，為什麼跟著太子呢？」四位隱士說：「陛下待人很傲慢，而我們的原則是堅決不受人羞辱。太子對人很尊重，所以我們就以賓客的身分與太子交往。」高祖聽了忙向四位隱士道歉。其後高祖指著四位隱士對戚姬說：「太子的羽翼已經豐滿了，他的太子地位無法動搖了。」

呂后非常感激四位隱士，準備封給他們很高的爵位。四位隱士在一起商議說：「我們這次來京城，目的是為了逃避災禍，並非出於本心。劉盈立為皇帝而劉如意就會被廢掉，呂雉得志了而戚姬就會被殺害。如今我們因為懼怕災禍，來幫助劉盈成功而使劉如意失敗，讓呂后高興而使戚姬憂愁，我們的作法就是人們所說的傷害別人以保全自我，我們大概算不上是殺身成仁的人啊！如果我們再忍受著羞恥，從一個女人手中接受爵位，留在朝廷做官，這與盜賊夜間潛入別人家中、盜得金錢後而自我誇富的行為又有什麼不同呢？」於是四人又回到商山隱居起來，呂后沒能挽留住他們。

張良也醒悟過來，於是也隱居起來，排除一切雜念，學習呼吸吐納、辟穀等養生術去了。

【研　析】商山四皓的故事非常有名，商山四皓也是歷史上著名的高士。《史記・留侯世家》和《漢書・張良傳》對他們的事跡都有記載，但這兩本史書的記載，似乎多少有點兒損害了四皓的高名。《史記・留侯世家》記載張良對呂澤說的一段話：「今公誠能無愛金玉璧帛，令太子為書，卑辭安車，因使辯士固請，宜來。」由此看來，打動四皓之心的除了謙恭的態度之外，還有「金玉璧帛」，特別是兩書都只記載了四皓接受邀請出仕，而沒有說他們再次歸隱，這在以隱居為高尚的古人看來，四皓的行為類似於今天講的「晚節不保」。為了彌補這一缺憾，後人於是又增補了四皓出仕的動機及其自責與再次歸隱的情節，力圖使四皓的隱士形象臻於完美。實際上，即使依據本篇的記載，四皓的出仕也有需要批判的地方，當然也有值得肯定的地方。

按照本篇的說法，四皓之所以要出仕，目的不是為了金錢和爵祿，而是迫於呂后的淫威，是為了保全自己的生命。在道家看來，人的生命最為可貴，這一點也能夠為絕大多數的人所接受，問題是四皓用來保命的方法是建立在犧牲別人利益的基礎之上，用他們自己的話講，就是「廢人而全己」。這種態度既不符合儒家「威武不能屈」（《孟子・滕文公下》）的道德思想，也不符合道家「無私無欲」的處世主張，用別人的生命換取自我的安全，畢竟是個不太光彩的作法。為了彌補這一缺憾，作者安排了四皓的自責情節，責備自己「非殺身成仁者」，甚至猶如「賊人夕入人室」那樣見不得人。這自然是四皓的行為需要受到批判之處。

四皓的行為也有值得肯定之處：第一，一般人做了錯事往往不願承認，百般辯解，而四皓還能知錯，並勇於承認，這是他們優於一般人的地方。第二，四皓在完成呂后派給的任務之後，置名利富貴於不顧，毅然再入深山隱居，多少體現了一些「富貴不能淫」的精神。第三，從歷史的角度來看，四皓幫助太子鞏固了地位，客觀上有利於漢朝政權的穩定（劉邦想改換太子的作法受到了多數大臣的堅決反對，而且漢惠帝劉盈也屬於仁義之人，劉邦之所以要改換太子，最主要原因是寵幸戚姬。如果劉邦執意改換太子，很可能引起政治動亂），而漢朝政權的穩定，則客觀上有利於百姓的生活。可惜的是，无能子沒有能夠從這一方面入手加以分析。

# 嚴陵說第九

【題　解】嚴陵說，論嚴陵。嚴陵，人名。姓嚴名光，字子陵。又稱「嚴陵」。東漢初年會稽餘姚（在今浙江省餘姚市）人。年輕時與光武帝劉秀是同學。劉秀即位後，嚴陵變姓名隱居民間。劉秀派人尋訪，徵召入京，授諫議大夫，嚴陵予以拒絕，退隱於富春山。嚴陵事見《後漢書・隱逸傳》。本篇主要描寫嚴陵鄙視名利富貴、批判帝王害民行為、拒絕徵召、堅持隱居的高潔品質。

光武微時❶，與嚴陵❷為布衣之交❸。及即位，而陵方釣於富春渚❹。光武思其舊，慕其賢，躬往聘之❺，陵不從。

光武曰：「吾與子交也，今吾貴為天子，而子猶漁，吾為子恥之。吾有官爵可以貴子，金玉可以富子，使子在千萬人上。舉動可以移山嶽，叱咤❻可以興雲雨，榮宗華族❼，聯公繼侯❽，丹雘宮室❾，雜沓❿車馬，美衣服，珍⓫飲食，擊鐘鼓，合⓬歌舞，身樂於一世，名傳於萬祀⓭。豈與垂餌終日汩沒⓮無聞，校其升沉榮辱⓯哉？可為⓰從於我也。」

【章　旨】本章寫漢光武帝劉秀勸告嚴子陵放棄隱居生活入朝做官。

【注　釋】❶光武微時　漢光武帝劉秀身為百姓時。光武，即漢光武帝劉秀。劉秀為漢高祖九世孫，從小生活於民間。後起兵推翻王莽政權，建立東漢。微，地位卑微。指當普通百姓。❷嚴陵　人名。詳見「題解」。❸布衣之交　貧賤之交。布衣，布製的衣服。一般為普通百姓所穿，故代指百姓、貧賤。❹富春渚　富春江的小洲上。富春，水名。浙江流經富陽、桐廬二縣境內的一段叫富春江。渚，水中的小洲。嚴子陵釣魚的地方叫嚴陵瀨，在今浙江省桐廬縣西。❺躬往聘之　親自前去請他。躬，親自。聘，請。❻叱咤　怒斥聲。❼榮宗華族　光宗耀祖。華，使……有光采。❽聯公繼侯　不斷有人被封為公族。❾丹雘宮室　住著華美的房屋。丹雘，油漆用的紅色顏料。這裡用作動詞。把宮室裝飾得富麗堂皇。❿雜沓　眾多的樣子。⓫珍　美好。⓬合　聚會。⓭祀　年。⓮汩沒　埋沒。⓯校其升沉榮辱　比較兩種生活的高貴榮耀與卑賤屈辱。校，比較。升，高升；高貴。沉，降低；卑賤。⓰可為　可以決定。為，做出決定。

【語　譯】漢光武帝劉秀身為百姓時，與嚴子陵為貧賤之交。等到光武帝即位後，而嚴子陵還在富春江的小洲上當釣魚的漁夫。光武帝既思念與嚴子陵的舊情，又仰慕嚴子陵的賢能，於是就親自去請他出來做官，而嚴子陵卻予以拒絕。

光武帝說：「我與您是朋友，如今我貴為天子，而您還是一介漁夫，我為您感到羞愧。我有官爵可以使您變得高貴，有金玉可以使您變得富有，可以使您高居於千萬人之上。您一舉手一投足就可以移動高山大嶽，一聲怒吼就可以興雲作雨，您可以光宗耀祖，子孫世代封為公侯，住的是華美的房屋，出門有眾多的車馬，穿的是綾羅綢緞，吃的是山珍海味，有人為您擊鐘敲鼓奏樂，聚宴時欣賞輕歌曼舞，生前終身享樂，死後名垂萬年。您如今終日垂釣、默默無聞的生活怎麼能同那樣的生活相比呢？其間的高貴榮耀與卑賤屈辱的差距不是太大了嗎？您可以做出決定跟我走吧！」

陵笑曰：「始吾交子之日，而子修志意❶，樂貧賤，似有可取者。今乃誇咤眩惑❷，妄人❸也。夫四海之內❹，自古以為至廣大也。十分之中，山嶽江海有其半，蠻夷戎狄❺有其三，中國❻所有，一二❼而已。背叛侵凌❽，征伐戰爭，未嘗怗息❾。夫中國天子之貴，在十分天下一二分中，征伐戰爭之內，自尊❿者爾。夫所謂貴且尊者，不過於一二分中，徇喜怒專生殺⓫而已；不過一二分中，擇土木以廣宮室、集繒帛⓬珍寶以繁⓭車服、殺牛羊種百穀以美飲食、列姝麗⓮敲金石⓯以悅視聽而已。嗜欲未厭⓰，老至而死，豐肌委於螻蟻⓱，腐骨淪於⓲土壤，匹夫匹婦一也⓳，天子之貴何有哉？

所謂貴我以官爵者，吾知之矣。自古帝王與公、侯、卿⓴、大夫之號，皆聖人彊名[21]，以等差[22]貴賤而誘愚人爾。且子今之帝王之身，昔之布衣之身也，今人雖帝子[23]，而子自視[24]之，何異於昔？蓋以誘我於彊名，而使子悅而誇咤也。今又欲以彊名公、侯、卿、大夫誘我，非愚[25]我耶？夫彊名者，眾人皆能為之[26]。我苟[27]悅此，當自彊名曰公、侯、卿、大夫可矣，何須子之彊名哉？子必曰官爵者，以其富貴其身也。官爵實彊名也，自我則有富貴之實[28]，不自我則富貴何有哉？夫所謂官爵富貴者，亦不過於峨冠鳴玉[29]、驅前殿後[30]、坐大廈、被鮮[31]服、耳倦絲竹[32]、口飫椒蘭[33]，皆子所誘我之說而已。子所誘我者，不過充欲[34]之物而已。夫車馬代勞也，騏驥[35]、款段[36]一也；屋宇[37]庇風雨也，丹雘[38]、蓬茅[39]一也；衣服蔽形也，綺紈[40]、韋布[41]一也；食粒却饑也[42]，椒蘭、藜藿[43]一也。況吾汩乎太虛[44]，咀乎太和[45]，動靜不作[46]，陰陽同波[47]。今方自忘其姓氏，自委其行止[48]，操竿投纓[49]，泛然如寄[50]。又何暇梏其肢體[51]、愁其精神[52]、貪乎彊名而充乎妄欲[53]哉！

且王莽54、更始55之有天下，與子之有天下何異哉？同乎求為中國所尊者爾，豈憂天下56者耶？今子戰爭殺戮，不知紀極57，盡58人之性命，得己之所欲，仁者不忍言也。而子不恥，反以我漁為恥耶！」光武慚，於是不敢臣陵59焉。

【章　旨】本章寫嚴子陵鄙視世俗的名利富貴，批判帝王們的害民行為，拒絕光武帝的邀請，堅持過隱居生活。

【注　釋】❶修志意　修養思想品德。❷誇咤眩惑　自我誇耀，迷亂不堪。咤，通「詫」。誇耀。眩，迷惑。❸妄人　行為荒謬之人。妄，胡亂；荒謬。❹四海之內　指整個天下。古人認為整個天下的四周全是大海，故稱整個天下為「四海之內」。❺蠻夷戎狄　泛指所有的少數民族。古人稱南方異族為「蠻」，東方異族為「夷」，西方異族為「戎」，北方異族為「狄」。❻中國　中原地區。即東漢政權所管轄的漢族地區。❼一二　十分之一二。❽淩　欺淩。❾怗息　平息。怗，平服。❿自尊　妄自尊大。⓫徇喜怒專生死　按照自己的喜怒之情，隨意使用生殺大權。徇，順從；按照。專，獨斷專行；隨心所欲。⓬繒帛　絲織品的總稱。這裡泛指財物。⓭繁　多；增加。⓮姝麗　美女。⓯金石　泛指各種樂器。金，金屬做成的樂器。如鐘。石，石製的樂器。如磬。⓰厭　滿足。⓱豐肌委於螻蟻　豐滿的肌肉送給螻蛄和螞蟻吃掉。指屍體埋入地下被蟲蟻吃掉。委，交付；送給。螻，蟲名。即螻蛄。⓲淪於　沉陷於。⓳匹夫匹婦一也　與普通百姓一樣。匹夫匹婦，平民男女。泛指平民。一，一樣。指帝王與平民一樣都將死亡。⓴卿　古代的官爵名。在公之下，大夫之上。㉑彊名　勉強起的名字。㉒等

差　區別。等，劃等級。㉓帝子　擁護您當了皇帝。帝，使動用法。使……為帝。㉔自視　自我反省。㉕愚弄。㉖為之　做這樣的事。㉗苟　如果。㉘自我則有富貴之實　我自己認為自己富貴了才是真正的富貴。本句是說人們看待富貴的標準不同，別人認為的富貴，自己並不認為就是富貴；只有自己認為是富貴的，才是真正的富貴。㉙峨冠鳴玉　戴著高冠，佩著美玉。峨，高。鳴玉，即佩玉。行走時，佩玉鏗鏘作響，故稱「鳴玉」。㉚驅前殿後　出門時前面有人開路，後面有人殿後。㉛鮮　鮮豔華麗。㉜耳倦絲竹　耳聽音樂。倦，聽足；聽夠。絲竹，指絃樂器和竹管樂器。這裡泛指音樂。㉝口飫椒蘭　口吃各種芳香的美味。飫，吃。椒蘭，兩種芳香的植物。代指美味。㉞充欲　滿足欲望。充，滿足。㉟騏驥　日行千里的良馬。㊱款段　馬行遲緩的樣子。代指劣馬。㊲宇　房屋。㊳丹雘　「丹雘宮室」的略稱。華美的房屋。㊴蓬茅　兩種野草名。代指茅舍草房。㊵綺紈　有花紋的絲織品叫「綺」，細絹叫「紈」。代指絲製的華美衣服。㊶韋布　獸皮粗布。泛指貧賤人穿的衣服。韋，皮革。布，粗布。㊷食粒却饑也　糧食是用來消除饑餓的。却，消除。㊸藜藿　泛指粗食。藜，野菜名。初生時可食。藿，豆葉。嫩時可食。㊹汨乎太虛　處於極為虛靜的狀態之中。汨，汨沒；處於。太，很；極。㊺咀乎太和　體會極為平和的心態給我帶來的愉悅。咀，咀嚼。引申為體會、玩味。太和，極為平和。㊻動靜不作　清靜無事。動靜，行動。作，產生；做。㊼陰陽同波　一切順應自然。陰陽，陰陽二氣。代指自然。同波，保持一致。波，動。㊽委其行止　忘記了自己的行為。委，放棄。引申為忘記。行止，行為。㊾縷　線。指釣魚線。㊿泛然如寄　自己如同暫時漂浮在水面上的東西那樣無思無慮、自由自在。泛然，漂浮的樣子。寄，暫時寄存。指生命暫時存在。(51)又何暇梏其肢體　又怎麼願意去約束自己的形體。何暇，如何顧得上。引申為怎會願意。梏，拘束犯人兩手的刑具。用作動詞。約束。本句是說自己不願進入官場受人約束。(52)愁其精神　使自己的精神愁苦。(53)妄欲　不合理的欲望。(54)王莽　人名。字巨君。西漢末篡位自立，改國號為新。農民軍攻入長安時，王莽被殺。(55)更始　即更始帝劉玄。劉玄字聖公。為劉秀族兄。王莽末年，劉玄起兵，號更始將軍。後稱帝，改元更始。擊敗王莽後定都長安，後被赤眉軍所殺。(56)憂天下　即憂國憂民。(57)紀極　終極；限度。58 盡 殺盡。59 臣陵 讓嚴子陵當自己的臣屬。

【語　譯】嚴子陵笑著回答說：「當初我與您交往的時候，您還注意修養自己的思想品德，安於貧賤生活，似乎還有一些可取之處。如今您卻如此自我誇耀、糊塗迷亂，您是個行為荒謬的人哪！四海之內，自古以來人們都認為非常廣大。如果把四海圍繞的整個天下分作十份，其中山嶽江海就佔去了一半，蠻夷戎狄等異族又佔去了十分之三，中原人所佔有的土地，也不過只有十分之一、二而已。而且各種叛亂、侵犯、征伐、戰爭，從來沒有停息過。中原天子的尊貴，就表現在這十分之一、二的天下之內，體現於征伐戰爭之中，實際上都不過是自我尊大而已。天子所謂的尊貴，不過就是在這十分之一、二的土地上，按照自己的喜怒之情去隨意使用生殺大權而已；不過就是在這十分之一、二的土地上，選擇好的土地木料以大修宮殿、徵收財物珍寶以多造車輛服飾、宰殺牛羊種植百穀以便吃上美好的食物、讓眾多的美女唱歌跳舞演奏音樂以便得到耳目享受而已。嗜欲還沒得到滿足，衰老和死亡卻降臨了，豐滿的肌肉被送給螻蛄和螞蟻吃掉，腐朽的屍骨被埋入地下，在這一點上天子與普通百姓是一樣的，那麼天子的尊貴又表現在哪裡呢？

「您所說的用來使我變得尊貴的官爵，我早就知道它們是些什麼東西。自古以來，帝王與公、侯、卿、大夫這些稱號，都是所謂的聖人勉強取的名號，他們想以此來區別貴賤而誘惑愚人。再說您如今身為帝王，從前身為百姓，雖然如今的人們擁護您當了皇帝，但您應自我反省一下，如今的您和從前的您又有什麼不一樣呢？大概就是因為那些您用來誘惑我的、勉強取的名號，而使您沾沾自喜、炫耀不已吧！如今您又想用這些勉強取的『公』、『侯』、『卿』、『大夫』等名號來誘惑我，這難道不是在愚弄我嗎？勉強去取一些名號，這種事一般人都能做到。我如果喜歡這些名號，我應該也勉強把自己命名為『公』、『侯』、『卿』、『大夫』就行了，又何需您來為我勉強命名呢？您一定會說，官爵這種東西能夠使人變得富貴起來。實際上官爵也是人們勉強取的一些名號，只有自己認為自己富貴才是真正的富貴，如果自己不認為自己富貴，又哪裡有什麼富貴呢？您所說的官爵富貴，也不過就是戴著高高的帽子、佩著玎璫作響的美玉、出門時前呼後擁、住的是高樓大廈、穿的是華麗服裝、聽的是優美音樂、吃的是山珍海味，而這一切都不過是您用來誘惑我的一種說法而已。您所用來誘惑我的，也不過都是一些用來滿足欲望的東西而已。車馬是用來代勞的，那麼乘良馬和騎劣馬，則都是一樣的；房屋是用來遮蔽風雨的，那麼住華美房屋和住茅草屋，則都是一樣的；衣服是用來保護身體的，那麼穿綾羅綢緞和穿獸皮粗布，則都是一樣的；糧食是用來消除饑餓的，那麼吃美味和吃野菜，也都是一樣的。更何況我現在正處於極為虛靜的狀態之中，體會著極為平和的心態給我帶來的愉悅，清靜無為，一切順應自然。如今我既忘卻了自己的姓名，也忘卻了自己的言行，手持釣竿拋出釣絲的我，就如同暫時漂浮在水面上的一件東西那樣無思無慮、自由自在。我又怎麼會願意去約束自己的形體、愁苦自己的精神、貪圖強取的名號而滿足自己不該有的欲望呢！

「再說王莽、更始帝佔有天下，與您佔有天下又有什麼不一樣呢？你們都同樣是想成為中原地區最尊貴的人，哪裡是真正在憂國憂民呢？如今您發動戰爭，殺戮百姓，毫無限度。殺盡天下百姓，滿足個人欲望，仁愛之人對這樣的事情連談論都不忍心談論啊。而您不知道為自己的行為感到羞恥，卻反而認為我當漁夫是一種羞恥！」

光武帝聽了非常慚愧，於是不敢再請嚴子陵當自己的臣屬了。

【研　析】嚴子陵拒絕漢光武帝劉秀邀請他出仕的原因，除了他鄙視名利富貴、酷愛自由生活的性格原因外，另一個主要原因是他認為無論是王莽、更始，還是劉秀，其打天下的主觀動機都是自私的。文中說：

且王莽、更始之有天下，與子之有天下何異哉？同乎求為中國所尊者爾，豈憂天下者耶？

這一批評可以說是一針見血，極為深刻地揭露了人們爭奪天下的真實目的。與无能子基本同時的著名詩人羅隱在他的〈英雄之言〉中也說：「視玉帛而取者，則曰牽於饑寒；視國家而取者，則曰救彼塗炭。」那些偷盜、搶劫別人財物的人，藉口自己是迫於無衣無食；竊取整個國家的人，則藉口自己是為了救百姓於水火之中。然而他們的真實目的都是一樣的，都是為了滿足自己的欲望。具體地說，爭奪天下者的真實目的就是為了使自己成為天下最尊貴的人。既然光武帝打天下的動機不純，嚴子陵自然不願與他為伍。

我們承認絕大多數的帝王佔有天下的真實目的是自私的，但我們也不能否認這樣一個事實，那就是不同的帝王會給百姓帶來不同的生活。一些帝王為了滿足自己永無止境的貪欲，為了眼前的一時享受，置百姓生死於不顧，敲骨吸髓，竭澤而漁，其結果是與自己的王朝同歸於盡。

還有一些帝王雖然也有很重的私心，但他們清楚地知道自己的利益與百姓的利益並不存在絕對的矛盾，甚至是一致的，就像孔子說的那樣：「百姓足，君孰與不足？百姓不足，君孰與足？」（《論語．顏淵》）百姓富足了，君主又怎麼會貧窮呢？所以這些帝王能夠把眼前利益同長遠利益結合起來，知道天下即自己的「家」，百姓即自己的「子民」，愛護天下和百姓，實際上也就是愛護自己。這樣的帝王，往往能夠採取一些有利於百姓的政策。雖然這些帝王的主觀動機依然是自私的，但客觀上卻有利於百姓。這樣的帝王理應得到肯定。

當然我們也不能否認，在數千年的中國歷史上，也的確有少數富於同情心的君主，他們雖然不能完全消除自己的私心（從某種意義上說，任何人都不可能完全消除自己的私心），但他們更能著眼於百姓的利益，如漢文帝。文帝很想修建一座露臺，但當他得知修造這座露臺需要花去相當於十戶中等人家的財產時，就毅然決然地取消了這一想法。一個大國君主，動用相當於十戶人家的財產，猶如九牛之動一毛，根本不會動搖他的統治地位。這就說明文帝停建露臺的作法，完全是出於對百姓的愛護和對自我欲望的克制。

基於以上理由，我們認為嚴子陵只考慮君主的個人動機，而不分昏君（如王莽）、明君（如劉秀），一概予以否定的作法是不公允的。更何況嚴子陵本人也是有私心的，他自我表白說自己拒絕出仕的原因之一就是不願「梏其肢體、愁其精神」，是為了自身的自由，而「為了自身的自由」同樣是一種自私的表現。既然自己是如此，又何必去苛求別人呢？

# 孫登說第十

【題解】孫登說，論孫登。孫登，人名。字公和。魏晉之際汲郡共（在今河南省輝縣）人，無家屬。隱居山中，好讀《周易》，彈一絃琴，人們都很喜歡他。嵇康曾與他交往三年。後不知所終。孫登事見《晉書・隱逸列傳》。本篇寫孫登批評嵇康喜歡顯己之能、責人之過，不懂得韜光養晦、和光同塵，認為嵇康不是一個能夠學道、善於養生的人。

孫登❶先生隱蘇門山❷，嵇康❸慕而往見之，曰：「康聞蜉蝣❹不能知龜齡❺，燕雀不能與鴻期❻。康之心實不足以納真誨❼，然而日月之照，何限乎康莊墝埆❽；雨露之潤，罔擇乎蘭蓀蕭艾❾。先生理身固命❿之餘，願以及康⓫，俾⓬康超乎有涯⓭，遨乎無垠⓮。」

登久而應之曰：「夫杳杳冥冥，有精非精⓯；渾渾淳淳，有神非神⓰。精神甚真⓱，離之不分⓲，留之不存⓳。孰謂固命？孰謂理身？孰為有涯？孰為無垠⓴？然而虛無之中㉑，綿綿相循㉒，出入無跡㉓，為天地之根㉔。

知之者明，得之者尊。凡㉕汝所論，未窺其門㉖。吾聞諸老聃曰：『良賈深藏若虛㉗，君子盛德，容貌若愚。』且夫蚌以珠剖㉘，象以齒焚㉙，蘭煎以膏㉚，翠拔以文㉛，常人所知也。汝有藻飾之才㉜，亡冥濛之機㉝，如執明燭，煌煌㉞光輝，穹蒼所惡㉟也。吾嘗得汝〈貽山巨源絕交書〉㊱，其間二大不可七不堪㊲，皆矜己疵物㊳之說，時㊴之所憎也。夫虛其中㊵者，朝市不喧㊶；欲其中㊷者，巖谷不幽㊸。仕不能奪汝之情㊹，處不能濟汝之和㊺。仕則累㊻，不仕則已㊼，而又絕人之交，增以矜己疵物之說，啅噪㊽於塵世之中，而欲探乎永生，可謂惡影而走於日中者也㊾。何足聞吾之誨哉！」

康眩然如酲㊿，後果以刑死。

【注釋】❶孫登　人名。詳見「題解」。❷蘇門山　山名。在今河南省輝縣境內。❸嵇康　人名。字叔夜。三國魏人。著名的文學家，「竹林七賢」之一。喜好老莊，信奉道教。後為司馬昭所殺。❹蜉蝣　蟲名。壽命很短，短者生存數小時，長者生存六、七日。嵇康以蜉蝣自比。❺龜齡　龜的壽命。龜的壽命很長。嵇康用龜比孫登。❻燕雀不能與鴻期　小燕雀不能與鴻鵠相比。鴻，鳥名。即天鵝。期，相約；相比。小燕雀飛行既低又近，天鵝飛行既高又遠，故二者不能相比。嵇康以燕雀比自己，以鴻比孫登。❼納真誨　接受您的真理教誨。納，接受。❽然而日月之照二句　然而日月普照萬物，無論是康莊大道還是崎嶇小路都會賜予光明。何限，不限；不分。康莊，四通八達的道路。墝埆，又作「磽確」。崎嶇不平的小路。嵇康以日月比孫登，以康莊比聰明人，以墝埆比自己。❾雨露之潤二句　雨露滋潤萬物，無論是芳香的蘭蓀還是無用的蕭艾都會給予恩澤。罔擇，不分別。蘭蓀，香草名。即菖蒲。蕭艾，野草名。嵇康以雨露比孫登，以蘭蓀比賢人，以蕭艾比自己。❿理身固命　修身養生。固命，養生。⓫及康　顧及我；關照我。⓬俾　使。⓭有涯　有邊際。指有限的生命。⓮遨乎無垠　永遠生存下去。遨，遨遊。引申為生活、生存。無垠，無限；永生。垠，邊際；盡頭。⓯夫杳杳冥冥二句　我處於清靜虛無的狀態之中，說是存在著一種思想又不能把它叫作一種思想。杳杳冥冥，清靜虛無的樣子。精，精神；思想。⓰渾渾淳淳二句　我處於無思無慮的渾沌狀態，說是存在著一種精神又不能把它叫作一種精神。渾渾淳淳，無思無慮的樣子。神，精神。⓱精神甚真　這種精神境界是一種真正值得追求的精神境界。⓲離之不分　想離開這種精神境界也離開不了。言自己與這種境界已經合而為一了。⓳留之不存　想挽留這種境界而它又不是一種具體存在的事物。⓴孰謂固命四句　這四句用反問句說明自己從來沒有想過什麼是固命、理身、有涯、無垠。道家、道教認為，只有處於無思無慮的虛靜狀態，不去有意地追求保命養生，才能做到長生不死。㉑虛無之中　無形無象之中。㉒綿綿相循　永世存在，循環不已。這是對大道的描寫。綿綿，不間斷的樣子。㉓出入無跡　它的運行不留任何痕跡。出入，運行。㉔根　根本；根源。大道為天地萬物的根源。㉕凡所有；全部。㉖未窺其門　根本不懂大道。窺，看到。㉗良賈深藏若虛　高明的商人深藏財貨，看起來似乎一無所有。賈，商人。虛，一無所有。這段話見《史記・老莊申韓列傳》。㉘蚌以珠剖　蚌因為體內生長珍珠而被人剖殺。蚌，生活在淡水裡的一種軟體動物。貝殼長圓形，有的體內生長珍珠。㉙象以齒焚　大象因為長有象牙而被人殺死。齒，象牙。焚，燒。泛指殺死。㉚蘭煎以膏　蘭草因為芳香而被人熬製成膏油。蘭膏可用來點燈、塗抹身體等。㉛翠拔以文　翠鳥的羽毛因為美麗而被人拔掉。翠，鳥名。文，文彩；美麗。㉜藻飾之才　寫文章的才能。藻飾，點綴文辭；寫文章。㉝亡冥濛之機　沒有韜光養晦的本領。亡，通「無」。冥濛，看不清楚的樣子。指韜光養晦。機，機能；本領。㉞煌煌　明亮的樣子。㉟穹蒼所惡　這種行為是上天所討厭的。穹蒼，上天。惡，厭惡。㊱貽山巨源絕交書　書信名。一般作〈與山巨源絕交書〉。貽，送。山巨源，人名。姓山名濤，字巨源。山巨源與嵇康同為「竹林七賢」，山巨源曾任選曹郎，當他遷升為大將軍從事中郎時，推薦嵇康代其原職。嵇康認為山巨源推舉自己做官是對自己的羞辱和不了解，於是寫此信以表示絕交。㊲二大不可七不堪　指嵇康信中說的自己不適合當官的九個理由。二大不可，不可當官的兩大原因。一是自己經常批評商湯王、周武王、周公、孔子等聖人，而這是不為世俗所容忍的；二是自己剛腸疾惡，輕率直言，容易得罪人。七不堪，當官後七種難以忍受的事情。堪，忍受。七不堪指：一是自己喜歡睡懶覺，而當官後必須早起。二是自己喜歡遊山玩水，當官後就無此自由。三是不喜歡端坐，不喜歡穿官服、揖拜上官。四是不喜歡寫信，而官場上書信來往必多。五是不喜歡弔喪，而官場交往以此為重。六是不喜歡與俗人交往，不適應熱鬧場面。七是沒有耐心，難以處理官場上的繁多事務。㊳矜己疵物　自我傲慢，指責他人。矜，傲慢。疵，挑毛病；指責。㊴時　時人；世人。㊵虛其中　心中清靜無欲。㊶朝市不喧　即使住在朝廷、集市上也不會感到喧鬧。㊷欲其中　心中充滿欲望。㊸幽　安靜。㊹仕不能奪汝之情　即使當官也無法改變你的性格。奪，改變。情，性格。㊺處不能濟汝之和　即使當隱士也不能使你具有平和的心態。處，在家當隱士。濟，促成。和，平和。㊻仕則累　你一旦當官就會招惹麻煩。累，累贅；麻煩。㊼已　停止。指不多講什麼。㊽啅噪　叫喊；喋喋不休。㊾可謂惡影而走於日中者也　這可以說是討厭自己的身影卻又在太陽下跑個不停。比喻不可能達到目的。走，跑。㊿眩然如酲　迷迷茫茫如同喝醉了一樣。指嵇康沒有明白孫登講的道理。眩然，迷惑的樣子。酲，酒醒後神志不清有如患病的感覺。

【語　譯】孫登先生隱居於蘇門山中，嵇康十分仰慕他而前去拜訪。嵇康說：「我聽說蜉蝣是無法知道龜的年齡的，小燕雀也是無法與鴻鵠相比的。我生性愚笨實在是沒有能力接受您的真理教誨，然而日月普照大地，無論是康莊大道還是崎嶇小路都會賜以光明；雨露滋潤萬物，無論是芳香的蘭蓀還是無用的蕭艾都會施與恩澤。先生在修身養生之餘，希望也能夠關照一下我，使我能夠超越有限的生命，長生永存。」

孫登過了很久才回答他說：「我正處於清靜虛無的狀態之中，說是存在著一種思想可是又不能把它叫作一種思想；我正處於無思無慮的狀態之中，說是存在著一種精神可是又不能把它叫作一種精神。然而這種思想精神境界確實是一種值得追求的思想精神境界，想離開這種境界卻又無法離開，想挽留這種境界而它又不是一個具體存在的事物。我又如何知道什麼叫作養生？什麼叫作修身？什麼是有限？什麼是無限？然而在無形無象之中，確實有一個東西永世長存、循環不已，它的運行不露絲毫痕跡，它就是天地萬物的根源——大道。懂得大道的人就聰明，得到大道的人就尊貴。你所講的那些話，說明你根本就不知道什麼是大道。我聽到老子說過這樣的話：『高明的商人深藏財貨，表面上似乎一無所有；君子具有高尚的品德，外貌看起來似乎很愚笨。』再說蚌因為體內生長珍珠而被人剖殺，大象因為長了象牙而被人殺死，蘭草因為有香味而被人熬製為油膏，翠鳥的羽毛因為漂亮而被人拔掉，這是一般人都知道的事情。你有寫文章的才氣，卻沒有韜光養晦的本領，你的為人就如同高舉著明亮的燈燭，四處炫耀自己的光明，這種行為連上天都很討厭。我曾經看過你寫的〈貽山巨源絕交書〉，其中談到你不可當官的兩大原因以及當官後難以忍受的七件事情，這些都表現了你的傲慢和你對別人的指責，而這種行為是世人所憎惡的。心中虛靜的人，即使住在朝廷和集市上也不會感到喧鬧；心中充滿欲望的人，即使住在深山幽谷之中也不會感到安靜。當官不能改變你的性格，當隱士也不能使你心境變得平和。當官會給你招來麻煩，不當官就應該閉口少說，然而你又提出與人絕交，裡面還添加了不少傲慢之詞和指責別人的話，你如此喋喋不休地在世俗社會裡胡言亂語，卻還想去追求長生不死，這真可以說是討厭自己的身影卻又在太陽下跑個不停啊！你哪裡有資格來聽我的教誨呢！」

嵇康聽得迷迷糊糊如同喝醉了一樣難以明白，最後果真受刑而死。

【研　析】嵇康與孫登的交往屬於歷史事實，多種史書都有記載。本篇所載孫登的話雖然與正史記載稍有字句上的出入，但精神實質一致。本篇的主要內容就是孫登批評嵇康不懂得，或者說不能夠做到韜光養晦。《晉書・隱逸列傳》記載，嵇康與孫登交往長達三年之久，而孫登卻很少與他交談，一直到兩人就要分別時，孫登才在嵇康的再次要求下，講了這樣一段話：

子識火乎？火生而有光，而不用其光，果在於用光。人生而有才，而不用其才，而果在於用才。……今子才多識寡，難乎免於今之世！

火生而有光亮，但火並不有意地去使用自己的光亮，這才算是在真正使用自己的光亮。火是沒有意志的，自然不能有意去炫耀自己的光明。孫登用這一比喻主要是為了說明人雖然天生有才，但不要有意地去使用（炫耀）自己的才能，這才算是真正在使用自己的才能。這也就是本篇中說的：「良賈深藏若虛，君子盛德，容貌若愚。」為什麼不要顯露自己的才能呢？為什麼要去韜光養晦呢？文中做了部分的回答。

首先，顯示了自己的才能就會給自己帶來麻煩。文中說：「蚌以珠剖，象以齒焚，蘭煎以膏，翠拔以文。」有了才能，就會有人去使用你的才能，這樣就會給自己招來麻煩。顏之推在《顏氏家訓》中就告誡自己的子侄不可把字寫得太壞，但也不可把字練得太好，他在書中舉了許多例子以說明成為書法家以後會招來許多求字者，會搞得人不勝其煩。

其次，顯示自己的才能會招來別人的嫉妒。孫登責備嵇康的為人猶如「執明燭，煌煌光輝」，而這種作法連上天也討厭，更何況人呢？歷史上這一類的教訓很多，孫臏因為有軍事才能受龐涓的嫉妒而遭受刖刑，韓非因為有政治才能受李斯的嫉妒而入獄自殺，就連有點詩才的薛道衡也受到身為皇帝的隋煬帝的嫉妒而被殺，武則天為了篡奪李氏政權，就大肆屠殺李氏，而那些被屠殺的李氏族員多是有才能的。嵇康恃才傲物，自然對其不利。

喜歡炫耀自己才能的害處，除了本篇所講的之外，還有其他一些，如過早暴露自己的長處，往往容易使對手提早防備而被對手所制服；另如喜歡炫耀自己才能的人往往是虛榮心較強的人，因而也容易受到別人廉價的、虛假的奉承，從而使自己過高地評價自己，以至於去做一些自己力所不及的事情。

由於這些原因，孫登認為不去使用自己才能的人才算是真正懂得了如何使用自己的才能。善於韜光養晦，不要到處炫耀自己，的確是一種值得牢記的處世原則。嵇康雖然知道這一原則，但由於性格的原因，使他一生也沒能做到這一點，以至於他在被殺之前在詩中寫道：「昔慚柳惠，今愧孫登。」（〈幽憤詩〉）然而悔之晚矣！

卷
下

# 答通問第一

【題解】答通問，回答通的問題。通，人名。姓氏、籍貫、生平經歷均不可知，只知道他是无能子兄長的兒子。本篇通過无能子與通的問答，闡述了人生如夢和夢如人生的道理，進一步提出應該達到內心虛靜、無思無欲、不分貧賤與富貴的崇高思想境界。

无能子貧，其昆弟❶之子且寒而饑，嗟吟者相從焉❷。一日，兄之子通❸謂无能子曰：「嗟寒吟饑有年矣❹，夕則多夢祿仕，而豐❺乎車馬金帛❻。夢則樂，寤❼則憂，何可獲置其易❽哉？」无能子曰：「晝憂夕樂，均❾矣。何必易哉！」通曰：「夕樂夢爾。」

无能子曰：「夫夢之居屋室、乘車馬、被衣服、進飲食、悅妻子、憎仇讎❿，憂樂喜怒，與夫寤而所欲所有為⓫者，有所異耶？」曰：「無所異。」「無所異，則安⓬知寐⓭而為之者夢耶？寤而為之者夢耶？且人生百歲，其間晝夕相半，半憂半樂，又何怨乎？夫冥乎虛而專乎常者⑭，王侯不能為之貴⑮，廝養⑯不能為之賤，玉帛子女不能為之富，藜羹⑰縕縷⑱不能為之貧，則憂樂無所容乎其間⑲矣。動乎情而屬乎形⑳者，感物㉑而已矣。物者，所謂富貴之具㉒也。形與物，朽敗之本㉓也，情感之而憂樂之無常也㉔。以無常之情，縈㉕朽敗之本，寤猶夢也，百年猶一夕也。汝能冥乎虛而專乎常，則不知所以饑寒富貴㉖矣；動乎情而屬乎形，則晝夕寤寐俱夢矣。汝其㉗思之！」

【注釋】❶昆弟　兄弟。昆，兄長。❷嗟吟者相從焉　大家一邊哀歎著，一邊跟隨著无能子。嗟吟，呻吟；哀歎。相從，跟隨。❸通　人名。詳見「題解」。❹嗟寒吟饑有年矣　為饑寒交迫而呻吟哀歎已經有許多年了。有年，有許多年。❺豐　多。❻金帛　金銀玉帛。泛指財物。帛，絲織品的總稱。❼寤　醒來。❽獲置其易　能夠把美夢與現實顛倒一下。即把美夢變成現實，而把現實中的苦難變成虛假的夢。獲，得到；能做到。易，交換。❾均　一樣。指「晝憂夕樂」與「晝樂夕憂」是一樣的。❿仇讎　仇人。⓫所欲所有為　所想所做。所有為，即「所為」。所做。⓬安　怎麼。⓭寐　睡著。這裡指做夢。⓮夫冥乎虛而專乎常者　處於虛靜無欲的精神境界之中並能專心長期堅持這一精神境界的人。冥，沉靜於。常，永遠。指永遠堅持。⓯王侯不能為之貴　即使當王侯也不能使他感到高貴。為之，使之。⓰廝養　幹粗活的奴隸。⓱藜羹　野菜湯。藜，野菜名。泛指野菜。⑱繿縷　即「襤褸」。衣服破爛。⑲容乎其間　放在心中。⑳屬乎形　表現在外貌上。屬，託付給。引申為表現於。㉑感物　有感於外物；受外物刺激。物，主要指名利。㉒富貴之具　表現富貴的器具。如金錢、車馬、美食等。㉓朽敗之本　從本質上看是會腐朽爛掉的。㉔情感之而憂樂之無常也　感情受外物的刺激，憂樂受外物的控制，就會變得喜怒無常。感，受刺激。之，代指外物。憂樂之，為外物的多少而或憂或樂。㉕縈　縈繞；牽掛。㉖所以饑寒富貴　有什麼饑寒與富貴之分。㉗其　語氣詞。表示祈請。

【語譯】无能子非常貧窮，他兄弟的兒子又冷又餓，一邊痛苦地呻吟著一邊跟隨著他。有一天，无能子兄長的兒子通對无能子說：「我們饑寒交迫呻吟哀歎已經有許多年了。晚上我多次夢見自己當了官有了俸祿，有很多的車馬和財富。做夢時快樂無比，可一醒過來就滿腹憂愁，如何才能夠使夢中的快樂和白天的苦難互相交換一下呢？」无能子說：「夢中快樂白天憂愁與夢中憂愁白天快樂，是完全一樣的。又何必把它們交換一下呢！」通說：「夜間的快樂只不過是一場夢而已。」

无能子說：「你在夢中住房屋、乘車馬、穿衣服、進飲食、喜歡自己的妻子兒女，憎恨自己的仇人，這些事引起的喜怒哀樂之情，與你醒來後所想所為引起的喜怒哀樂之情，有什麼不同嗎？」通說：「沒什麼不同。」（无能子說：）「既然沒有什麼不同，那麼你又怎麼知道究竟是夢中的所作所為是一種虛幻的夢呢？還是醒來時的所作所為是一種虛幻的夢呢？再說人生百歲，其中白天和夜晚各佔一半，白天的一半在憂愁而夜晚的一半卻在享樂，這又有什麼值得抱怨的呢？那些處於虛靜無欲境界之中並能永久保持這種境界的人，即使讓他當王侯他也不會感到高貴，即使讓他當幹粗活的奴隸他也不會感到卑賤，即使給他許多財富子女他也不會感到富有，即使讓他喝野菜湯穿破爛衣他也不會感到貧窮，因此喜怒憂樂之情不會產生於他的心中。感情有所波動並表現在外貌上，那不過是受到了名利等外物的刺激而已。金錢車馬這些外物，就是所謂的表現富貴的器具。人的形體和金錢車馬這些外物，從本質上講都是會腐敗爛掉的，如果讓自己的感情受這些東西的刺激，讓自己的憂樂受這些東西的控制，那就會變得喜怒無常。拿自己變化無常的情感，去牽掛著將會腐敗爛掉的身體和外物，這種生活即使醒著也如同做夢一般，即使活了一百年也不過如同做了一夜之夢而已。你如果能夠處於虛靜無欲的境界之中並能永遠保持這種境界，那麼你就不會知道有什麼饑寒與富貴的分別了；如果感情不斷因受外物刺激而波動，而且還表現在行為上，那麼無論是白天還是夜晚，也無論是醒著還是睡著，都不過是一場幻夢而已。你還是去好好思考一下這其中的道理吧！」

【研　析】本篇通過无能子叔侄二人的問答，提出了一個很有趣的問題——人生如夢與夢如人生。這使我們想起《列子・周穆王》中的一個故事：

在周朝的時候，有一個姓尹的大財主發財心切，待下人十分苛刻。他家有一位老僕人，已經累得精疲力盡，但尹氏仍不許他休息。老僕人只好一邊痛苦地呻吟著，一邊盡力地去幹活。由於白天太累，晚上就睡得特別香，而且每天晚上都做夢，在夢中，老人成了高貴無比的國王，他發號施令，總攬一國之政；他到處遊覽，盡情享受，快樂無比。雞鳴日出，老人睜開雙眼，就又開始了一天的辛苦勞作。別人見他生活如此艱難，就對他好言慰撫，而老人卻豁達地說：「人生百年，白天和夜晚各佔一半。我白天當僕役，苦是苦了點，但我晚上卻能當上國王，快樂無比。我沒有什麼值得抱怨的。」而尹氏為了發財，絞盡腦汁，心中如焚，白天到處奔忙，心神不安，晚上雖然昏昏入睡，卻夜夜做惡夢。在夢中，他成了窮光蛋，只好為人當僕役，不僅要幹所有的髒活、累活，而且還要挨打受氣，受盡了人間的屈辱。尹氏對自己的這種生活感到痛苦不堪，只好四處尋醫求救。

很明顯，无能子的故事與《列子》中的故事如出一轍，它們都說明了同一個道理：夢中的感受與醒時的感受是一樣的，都能夠給人帶來同樣的幸福或痛苦。

人們常說人生如夢，從而把真實的人生虛化為沒有多少意義的夢幻，闡述這一思想的文學作品，如詩歌、散文、小說、戲劇等，在中國文學史上多不勝數。我們不妨通過逆向思維——把事物簡單地顛倒一下，把夢幻視為真實的人生。因為如果我們僅僅認定人生如夢的話，那麼我們就會感到人生無常，就會以不太嚴肅的態度飄然於現實之上，蔑視人生、遊戲人生，給自己本來就缺乏明亮色彩的生活又蒙上了一層陰影。人生是什麼？人生就是一種感受。一個人對外部事物——包括真實事物和虛假事物的感受好壞，也就決定了這個人生活質量的好壞。夢是虛幻的，但它給人的感受卻是真實的。只要仔細地回憶一下，我們不得不承認，夢中的遭遇給我們帶來的幸福和痛苦一點也不亞於現實生活給我們帶來的幸福和痛苦。所以通在无能子的啟發下，得出夢中的一切感受與現實生活感受「無所異」的結論。既然如此，我們說夢如人生，自然是可以站住腳的。

人生苦短，人們為此已經哀歎數千年了。於是有人秉燭夜遊，有人四處求仙，但秉燭夜遊的人畢竟精力有限，四處求仙的人也最終化為灰土。既然如此，我們何不換一下思路，不僅要善待現實人生，而且還要善待夢幻人生，既要認認真真地過好現實的生活，也要認認真真地去做個好夢，讓我們在有限的一生中去享受兩個人生。

當然，无能子的最後結論是要人們徹底地做到內心虛靜，無憂無慮，無私無欲。這樣一來，既不會為現實人生的苦難而憂傷，也不會在醒來後為夢中的幸福而感歎不已。

# 答華陽子問第二

【題解】答華陽子問，回答華陽子的問題。華陽子，人的名號。關於華陽子的姓名、籍貫、經歷等，皆不詳，只知道他是无能子的一位朋友。本篇主要闡述「無為者無所不為」、「有為者有所不為」的道理，認為只要心中無私無欲，無論去做什麼都是可以的。

无能子形骸之友❶華陽子❷，為其所知迫以仕❸。華陽子疑，問无能子曰：「吾將學無心❹久矣，仕則違心矣，不仕則忿所知❺，如何其可也？」

无能子曰：「無心不可學，無心非仕不仕❻。心疑念深❼，所謂見瞽❽者臨穽❾而教之前也。夫無為者，無所不為也❿；有為者，有所不為也⓫。故至實合乎知常⓬，至公近乎無為⓭，以其本無欲而無私也。欲於中，漁樵⓮耕牧有心⓯也；不欲於中，帝車侯服⓰無心也。故聖人宜處則處⑰，宜行則行⑱。理安於獨善⑲，則許由⑳、善卷㉑不恥為匹夫㉒；勢便於兼濟㉓，則堯、舜不辭為天子，其㉔為無心，一也。堯舜在位，不以天子之貴貴乎身，是以垂衣裳㉕而天下治。及朱均不肖㉖，則以之㉗授舜，舜授禹，捨其子如疣贅㉘，去天下如涕唾㉙，是以歷萬祀㉚而天下思。周公㉛，文王之子，武王之弟，天下孰其德矣，以成王㉜在，其勢不便於己㉝，故不為天子；以成王幼，其勢宜於居攝㉞，故不敢辭。是以全周之祀㉟，活周之民，巍巍㊱成功，其德不虧㊲。此皆不欲於中，而無所不為也。子能達此㊳，雖鬬雞走狗於屠肆㊴之中，搴旗㊵斬將於兵陣之間，可矣，況仕乎！」

【注釋】❶形骸之友　一般的朋友。形骸，形體。「形骸之友」與「知心之友」相對，指非知心朋友。❷華陽子　人的名號。詳見「題解」。❸為其所知迫以仕　被他的朋友逼著去當官。為，被。所知，所熟知的人；朋友。❹無心　無思無欲。❺忿所知　使朋友生氣。忿，怒；生氣。使動用法。使……生氣。❻無心非仕不仕　無思無欲這種思想境界並不體現在當官或不當官這件事上。❼心疑念深　內心糊塗得很。疑念，迷惑；糊塗。❽瞽　盲；瞎。❾臨穽　面對著陷穽。穽，捕捉野獸的陷坑。❿夫無為者二句　做到無為的人，才能做到無所不為。我們在本書卷上〈明本〉的「研析」中已經談過，「無為」是順應外物而為，該做什麼就做什麼，不作主觀選擇，因此是「無不為」。只要是順應外物，什麼都可以做。⓫有為者二句　主觀上想有所作為的人，有些事情就不會去做。主觀上想有所作為的人，目的性很強，因為與實現自己目的無關的事就不去做。如一心考進士的人就不去學種植，反之亦然。⓬故至實合乎知常　因此具備最為真實天性的人就能夠懂得永恆的大道。實，真實的天性。合，合乎；能夠。常，常理；永恆之道。⓭至公近乎無為　大公無私就接近於無為的品質。「無為」是順應萬物而為，其中沒有摻入半點私心，因此說「至公近乎無為」。⓮樵　打柴。⓯有心　有欲望有私心。⓰帝車侯服　乘坐著帝王車，穿戴著王侯服裝。指稱帝封侯。⓱宜處則處　該隱居時就隱居。宜，應該。處，隱居。⓲宜行則行　該當官時就當官。行，出仕；當官。⓳理安於獨善　按道理應該安於隱居獨善其身時。⓴許由　人名。舜時的隱士。㉑善卷　人名。舜時的隱士。舜想把天下讓給善卷，善卷逃入深山。㉒匹夫　普通百姓。㉓勢便於兼濟　根據形勢應該去治理天下。便，便於；應該。兼濟，兼濟天下；治理好天下。㉔其　代指上文提到的隱士和帝王。㉕垂衣裳　穿著長大的衣服。形容無所事事、清靜無為的樣子。㉖朱均不肖　丹朱和商均不像他們的父親那樣賢良。朱，人名。即丹朱。堯的兒子。均，人名。即商均。舜的兒子。肖，像。也可把「不肖」直接理解為不才、無德。㉗之　代指天下。㉘疣贅　贅肉。疣，皮膚上的贅生物。比喻多餘無用的東西。㉙涕唾　鼻涕唾沫。㉚歷萬祀　經過上萬年。祀，年。㉛周公　人名。姓姬名旦。周文王之子，周武王之弟。他輔佐武王滅商建周，後又輔佐武王之子成王，制定了一系列禮法制度，為周朝的穩定做出了很大貢獻。被封於魯。㉜成王　周成王。姓姬名誦。武王之子。成王即位時年幼，由周公代理政事。㉝不便於己　不便於自己當天子。㉞居攝　居於攝政大臣的地位。攝，攝政。代替君主處理國政。㉟全周之祀　保全了周朝。祀，祭祀。一個國家亡了就不能再舉行祭天祭祖活動，因此保全周朝祭祀就是指保全周朝。㊱巍巍　偉大的樣子。㊲虧　減少。㊳達此　明白這個道理。達，明白。㊴屠肆　宰牛羊的地方；肉鋪。比喻卑賤之處。㊵搴旗　拔取敵人的軍旗。搴，拔取。

【語　譯】无能子有一位一般的朋友名叫華陽子，華陽子的朋友逼他去做官。華陽子為此遲疑不決，於是就去向无能子請教說：「我很早就打算學習無思無欲的精神境界，如果出去當官就違背了自己的心願，如果不出去當官就會使我的朋友生氣，怎麼辦才好呢？」

无能子說：「無思無欲這種精神境界不是通過學習就可以獲得的，無思無欲這種精神境界也並非體現在是否當官這件事情上。一個人的思想如果太糊塗，就會像人們常說的那樣看見一個盲人面臨陷穽卻還鼓勵盲人向前邁步。只有那些能夠做到清靜無為的人，才能夠做到無所不為；主觀上想有所作為的人，有些事情就不會去做。因此只有那些具備了最真實天性的人才懂得永恆的大道，只有大公無私這種思想才接近於清靜無為，因為這些人本來就不存在欲望和私心。如果心中有欲望，那麼即使讓他去打魚、砍柴、種地、放牧他也依然會有強烈的欲望和私心；如果心中沒有欲望，即使讓他當帝王、封公侯他依然不會有什麼欲望和私心。因此聖人該隱居的時候就去隱居，該做官的時候就去做官。按照道理應該安心隱居以獨善其身的時候，那麼許由和善卷就不會因為自己只是個普通百姓而感到羞愧；根據形勢應該出去當官以兼濟天下的時候，那麼堯和舜就不會拒絕去當天子。許由、善卷與堯、舜在無欲無私這一點上，都是一樣的。堯、舜在位的時候，不因為天子的地位高貴就使自己也變得高貴起來，因此他們能夠做到清靜無為而使天下太平安定。等到發現自己的兒子丹朱、商均無才無德時，堯就把天下傳給舜，而舜也把天下傳給了禹，他們捨棄自己的兒子就像捨棄那些多餘無用的東西一樣，放棄天下就如同吐去一口唾沫一般，因此已經過去了上萬年而人們依然懷念他們。周公，是文王的兒子，武王的弟弟，天下人都熟知他的美德，但因為周成王還在，其形勢不便於自己當天子，因此他就不當天子；由於成王年齡太小，根據情況應該當攝政大臣，所以他就不拒絕去當攝政大臣。因此他保全了周朝，拯救了周朝百姓，他建立了偉大的功績，他的品德十分完美。這些人的心中都無私無欲，做了所有應該做的事情。您如果明白了這個道理，即使在肉鋪裡鬥雞走狗，或者上戰場斬將奪旗，都是可以的，更何況只是出去當個官呢！」

【研　析】本篇主要是在闡述「無為者，無所不為也；有為者，有所不為也」的道理。「無為而無不為」這一思想最早由老子提出：

為學日益，為道日損。損之又損，以至於無為。無為而無不為。（《老子》第四十八章）

很明顯，本篇直接繼承了老子的「無為而無不為」的思想，但究竟什麼是「無為而無不為」呢？學者有兩種解釋。

第一種解釋：只有做到了清靜無為，才能做成一切事情。陳鼓應先生《老子注釋及評介》就把這一句翻譯為：「如果不妄為那就沒有什麼事情做不成的了。」應該說，這一解釋與老子的思想是一致的，因為老子多次說過，只有清靜無為的人，才能把事情做成功。比如治國，只有清靜無為的君主，才能把國家治理好。而且大多數的注釋者都採用了這一解釋。

第二種解釋：只有做到了清靜無為，才能夠去承擔一切應該承擔的事務。所謂的「無為」，我們在〈明本〉的「研析」中已經講過，就是順應外物而為。換句話說，就是根據客觀情況，該幹什麼就去幹什麼，也即文中說的「宜處則處，宜行則行」。相反，如果需要我們去幹什麼的時候，而我們不去幹，那就是沒有做到「無為」了。而「有為」的人就不同了，「有為」的人主觀目的性非常明確，與主觀目的無關的事情就不會去做。比如以科舉考試為目的的人，就不會去務農經商，反過來，以經商為目的的人，就不會去花工夫舞文弄墨了。因此文中說「有為者，有所不為也」。

本篇中的華陽子一心要修習「無心」、「無為」，而他把「無心」與「無為」理解為拋棄一切俗務，住在山林裡安心當隱士，所以他打算拒絕朋友讓他外出當官的邀請。然而堅決要修養「無心」，堅決要在山林裡當隱士，這本身就是一種「有心」，其主觀目的性很強，因而也就算不上是「無為」的行為。為此无能子教導華陽子說：「無心非仕不仕。」無論當官還是不當官，都無法體現出是否做到了「無心」，「無心」主要體現在該不該當官和當官時的心態方面。所以无能子接著說：只要是做到了「無心」，只要是自己的行為符合「無為」，即便是在屠宰店裡鬥雞走狗，即便是到戰場上斬將奪旗，都屬於「無心」、「無為」，更何況僅僅是去當官呢！

# 答愚中子問第三

【題　解】答愚中子問，回答愚中子的問題。愚中子，人的名號。他的姓名、籍貫和經歷均不詳，只知道他是无能子的知心好友，是一位悟性很高的人。本篇很短，主要說明「心病」還需「心藥」來治的道理。

无能子心友❶愚中子❷病心❸，祈藥❹於无能子。无能子曰：「病何？」曰：「痛。」曰：「痛在何？」曰：「在心。」曰：「心在何？」愚中子告病已間❺矣。无能子曰：「此人可謂得天之真❻，而神光不昧❼者也。」

【注　釋】❶心友　知心朋友。❷愚中子　人的名號。詳見「題解」。❸病心　得了心病。❹祈藥　要藥。祈，請；討要。❺間　痊癒；病好了。❻得天之真　具備了天然真性。❼神光不昧　精神的光輝一點也沒有暗淡。指具有完美的精神境界。

【語　譯】无能子的知心好友愚中子患上了心病，於是愚中子就去向无能子討要些藥物。无能子問：「你患了什麼病？」愚中子說：「有點疼痛。」无能子問：「哪裡疼痛啊？」愚中子說：「心裡有點疼痛。」无能子又問：「你的心在哪裡呢？」愚中子一聽就告訴无能子說自己的心病已經好了。无能子感歎說：「這個人真可以說是一位具備了天然真性和完美精神境界的人啊！」

【研析】本篇談的主要是治療心病的問題。愚中子對无能子說自己心中（實際即思想）疼痛，當无能子問他「心」在何處時，因為愚中子自己也不知道自己的「心」究竟在何處，於是一下子疼痛就沒有了。愚中子患的肯定是一種心理毛病，或者說是精神官能症，而不是一種實質性的器官疾病，不然，幾句話是不可能解決問題的。

關於心理治療，我國史書上留下了不少佳話。如西漢的文學家王褒就用自己的辭賦治好了太子劉奭的抑鬱症和健忘症（見《漢書・王褒傳》），三國時的陳琳用自己的檄文治好了曹操的頭風（見《三國志・王粲傳》注引《典略》），唐代的白居易和宋代的蘇東坡喜歡用詩文治療自己的失眠（見《苕溪詩話》卷八），據說效果頗佳。更具有意味的是發生在南朝時的一件事情：

劉瑱的妹妹為鄱陽王妃，夫妻倆感情十分密切。鄱陽王死後，劉妃為此憂鬱成病，百般醫治毫無效果。為了挽救妹妹的生命，劉瑱就請當時的著名人物畫家殷蒨畫了一幅鄱陽王生前與其他妃嬪在一起密切相處的圖畫，然後讓人送給劉妃欣賞，劉妃看到這幅圖畫後，妒火中燒，一邊吐唾圖畫，一邊罵道：「他真是應該早點死去。」從此不再思念鄱陽王，疾病也逐漸痊癒。（見《南史・劉瑱傳》）

以上這些故事無不說明了「心病」還要「心藥」來醫的道理。愚中子心中不舒服，請无能子為自己下藥，當无能子問他「心（思想）」在何處時，愚中子突然意識到「心（思想）」是一種虛無縹緲的東西，既然連「思想」都無個可尋之處，那麼所謂的不舒服自然就是「無中生有」了，用今天的話來講，就是自尋煩惱了，於是他馬上就因醒悟得到了自我解脫。當然，能夠做到這一點，必須是悟性很高的人才行，所以无能子稱讚愚中子說：「此人可謂得天之真，而神光不昧者也。」

# 魚說第四

【題解】魚說，論魚。古代有魚跳龍門的傳說，認為跳過龍門的魚就會變成龍，跳不過去的魚則依然是魚。然而無論是跳過去的還是沒有跳過去的，其生活都有各自的難處，也都有各自的好處。本篇以魚為喻，說明人無論是地位高貴還是地位卑賤，其生活也都有各自的難處和好處。即使身處卑賤的人，只要多想想自己生活中的好處，自然就會心平氣和、情意舒暢了。

河有龍門❶，隸古晉地❷，禹所鑿也。懸水數十仞❸，淙其聲❹，雷然一舍之間❺。河之巨魚，春則連群集其下，力而上泝❻，越其門者則化為龍，於是拏雲拽雨❼焉。河壖❽纖鱗❾望之，相謂曰：「彼亦魚也，而超變❿如此，豈與我撥撥然⓫壖而游，戢戢然⓬穴而藏哉？」

其一⓭曰：「惑矣！汝之思也。夫天地之內，物之頒形⓮者千萬焉，形之巨細⓯，分⓰之大小相副⓱焉。隨⓲其形，足其分，各適⓳矣。彼超變者，河之時波則與之驚⓴，澄則與之平㉑，意順力渾㉒，沉浮安定。及其思變也，連群而姤㉓，泝瀑而怒㉔，意撓力困㉕，乃㉖雲乃雨。夫雲雨來隨蒸潤之氣㉗，自相感爾㉘，於彼何有㉙哉！彼若有心於雲雨之間，有時而墮㉚矣。無心自感㉛，又何功乎？角其上㉜，足其下，與吾鬐鬣㉝一也。吾鬐鬣而游，彼角足而騰，未嘗不順也㉞。豈以吾壖游之無爭、穴藏之無虞㉟、人不知而害不加之樂，易㊱其角足雲雨之勞乎！」

【注釋】❶河有龍門　黃河上有一個地方叫龍門。河，水名。即黃河。龍門，山名。在今陝西省韓城縣與山西省河津縣之間。相傳大禹治水時，開鑿龍門以導黃河之水。古人又傳說，大魚躍過龍門則變為龍，躍不過去的依然是魚。❷隸古晉地　屬於古代晉國的地方。隸，屬於。晉，周代諸侯國名。在今山西省、河北省南部、陝西省中部等地。❸懸水數十仞　瀑布有數十丈高。懸水，瀑布。仞，古代長度單位。七尺或八尺為一仞。❹淙其聲　發出轟隆轟隆的水聲。淙，形容水聲。❺雷然一舍之間　像雷聲那樣震撼了方圓數十里。雷然，像雷聲那樣。舍，行軍三十里為一舍。❻上泝　逆水而上。指向瀑布上面跳。❼挐雲拽雨　興雲作雨。挐，牽引。拽，牽引。❽河壖　黃河岸邊。壖，岸邊。❾纖鱗　小魚。纖，小。鱗，魚。❿超變　超越魚身而變化為龍。⓫撥撥然　撥水游動的樣子。⓬戢戢然　聚集在一起的樣子。⓭其一　其中的一條魚。⓮頒形　賦形；成形。⓯巨細　大小。⓰分　所得之分。即所得到的性能、本領。⓱相副　相稱。⓲隨　順應；安心於。⓳各適　各自都很舒適。⓴河之時波則與之驚　黃河掀起波浪時，牠們就隨著波浪一起翻騰。驚，驚起；躍起。㉑澄則與之平　當黃河水波不興時，牠們就與水一起安靜下來。澄，安定。㉒意順力渾　心意順暢，精力充沛。渾，渾厚；充沛。以上三句及下一句都是在描寫魚未跳龍門前的生活情況。㉓妬　忌妒。㉔泝瀑而怒　奮力向瀑布上面跳去。泝，逆水而上。怒，奮力。㉕意撓力困　心煩意亂，精疲力盡。撓，煩亂。㉖乃　方才。㉗夫雲雨來隨蒸潤之氣　雲雨是來自水蒸之氣。來隨，來自。蒸潤之氣，水蒸氣。㉘自相感爾　是自然事物自相感應的結果。㉙於彼何有　與龍又有什麼關係。彼，指龍。㉚墮　墜落。㉛無心自感　龍是無心於興雲作雨的，而雲雨是自然事物相互感應的結果。㉜角其上　指龍頭上長著角。㉝鬐鬣　魚的脊鬐以及魚頷旁的鰭。㉞未嘗不順也　都不曾感到不方便。㉟無虞　沒有憂患。虞，憂患。㊱易　交換。

【語　譯】黃河有一個地方叫作龍門，這塊地方屬於古代的晉國所有，是大禹治水時開鑿的水道。那裡的瀑布有數十丈高，發出轟隆轟隆的水聲，就像打雷一樣震動了方圓數十里。黃河裡的大魚，每到春天就成群結隊地聚集在瀑布之下，奮力向上跳躍，能夠跳過龍門的就變成了龍，於是也就能夠興雲作雨了。黃河水邊的小魚仰望著那些變成龍的大魚，聚在一起十分羨慕地說：「牠們也是魚，卻能發生如此巨大的變化，怎麼再會像我們這樣撥動著魚鰭在淺水邊游蕩、擁擠於一起在洞穴裡藏身呢？」

其中有一條小魚說：「你們的這種想法，真是太糊塗了！天地之間，具有形體的事物成千上萬，它們的形體大小，與它們的本領大小是相稱的。如果能夠安心接受自己的形體，滿足於自己所具有的本領，各自都會感到順心適意。那些發生巨大變化的魚，從前當黃河掀起波浪時，牠們便隨著波浪一起翻騰；當黃河水波不興時，牠們也就與河水一起安靜下來。那時牠們心情舒暢精力充沛，無論是沉入水底還是浮在水面，牠們的生活都很安定。當牠們想變化為龍時，便成群結隊地聚在一起而相互忌妒，牠們奮力向瀑布上方跳去，搞得心煩意亂、精疲力盡，然後才能興雲作雨。然而實際上雲雨是來自水蒸之氣，是自然界事物自相感應的結果，與牠們又有什麼關係呢！如果牠們在雲雨之中還存有欲念和私心，終有一天會掉落下來。龍如果是無私無欲的，而雲雨的形成又是自然界事物相互感應的結果，那麼龍又有什麼功勞可言呢？牠們頭上長角，身下長腳，與我們身上長的魚鰭是一樣的。我們靠魚鰭游蕩，牠們靠角足飛騰，都不曾感到有什麼不方便之處。我們在水邊游蕩而與世無爭，藏於洞穴之中而無任何災難，人們不知道我們的存在因而也不會加害於我們，我們怎麼願意拿這種快樂的生活而去與身長角足、必須興雲作雨的勞苦生活相交換呢！」

【研　析】一般的魚羨慕跳過龍門變成龍的魚，一般的人羨慕跳過「龍門」成為人上人的人，這本來屬於人之常情，但本篇認為無論是一般的魚或人，還是跳過「龍門」變成不一般的魚或人，都有各自的幸福和各自的煩惱，因此不必去羨慕，只要能夠安心於自己的本分，就能過上舒心的日子。這一生活態度的確具有一定的合理因素。

俗話說：「這山望著那山高。」這話比較好地概括了人性的一個特點。著名文人袁宏道在寫給叔叔的信中就談了自己的體會，他說當自己住在家鄉的荷葉山時，非常希望能夠進入熱鬧繁華的京城，可當他在京城做官時，又非常懷念清潔幽靜的荷葉山。因此他得出結論說，人就像猴子一樣，在樹下時想喫樹上的果子，在樹上時卻又想喫樹下的飯菜，如此「往往復復，略無停刻，良亦苦也」（〈蘭澤、雲澤兩叔〉）。錢泳在《履園叢話》卷八中談到農民和官員相互羨慕的情況：

鄉曲農民入城，見官長出入，儀仗肅然，便羨慕之，視有仙凡之隔，而不知官長簿書之積，訟獄之繁，其苦十倍於農民也。而做官者於公事掣肘、送往迎來之時，輒曰：「何時得遂歸田之樂，或采於山，或釣於水乎？」而不知漁樵耕種之事，其苦又十倍於官長也。

當官和做農民，各有各的幸福與苦惱，於是各自都眼盯著對方生活中的長處，彼此羨慕起來。而彼此的實際情況就像本文說得那樣，變成龍的魚雖然能夠興雲作雨，卻也十分辛苦，特別是當牠們準備跳龍門的時候，搞得自己「意撓力困」；當普通的魚，雖然默默無聞，不夠風光，卻也能過著自由自在、無憂無慮的生活。既然雙方的幸福和痛苦是同樣的，一般的魚和人又何必去羨慕不一般的魚和人呢？

一個人儘管十分努力，但由於種種原因，依然無法越過「龍門」的話，不妨多讀讀本篇，安心接受命運的安排。命運把你安排到公卿的位置上，你就去想公卿該想的事，做公卿該做的事；命運把你安排到塾師的位置上，你就去想塾師該想的事，做塾師該做的事；命運把你安排到農夫的位置上，你就去想農夫該想的事，做農夫該做的事。如果身為農夫，卻硬要去羨慕公卿的位置，硬要去想公卿的事，去做公卿的事，這不僅是在為難社會，更是在為難自己，是在自尋煩惱。相反，如果能夠多想想自己現任職業的好處，多想想其他職業帶來的煩惱，一個人就能安心於自己的職業，過上相對舒心的生活，就能少卻許多沒有意義的煩躁與不安。

# 鴆說第五

【題解】鴆說，論鴆。鴆，鳥名。據說鴆的羽毛中有劇毒，以之浸酒，飲之立死。本篇認為鴆本來沒有毒，只因痛恨毒蛇害人而啄食毒蛇，從而使自身也染上了毒。鴆和蛇雖然同為有毒之物，但鴆無心害人，而蛇有心害人，因此牠們有好壞之分。作者以此說明有心害人才是罪惡，無心害人者即使客觀上害了人，也是可以諒解的。

鴆❶與蛇❷相遇，鴆前而啄之。蛇謂曰：「世人皆毒子❸矣，毒者，惡名也。子所以有惡名者，以食我也❹。子不食我則無毒，不毒則惡名亡❺矣。」鴆笑曰：「汝豈不毒於世人哉？指我❻為毒，是欺也。夫汝毒於世人者，有心嚙❼人也。吾怨汝之嚙人，所以食汝示刑也。世人畜❽吾之能刑汝，故畜❾吾以防汝。又畜汝之毒染吾毛羽肢體，故用殺人。吾之毒，汝之毒也。吾疾惡❿而蒙其名爾。然殺人者，人也。猶人持兵⓫而殺人也，兵罪乎？人罪乎？則非吾之毒也，明矣。世人所以畜吾而不畜汝，又明矣。吾無心毒人，而疾惡得名⓬，為人所用，吾所為能後其身也⓭，後身而甘⓮惡名，非惡名矣。汝以有心之毒，盱睢⓯於草莽⓰之間，伺人⓱以自快。今遇我，天也，而欲詭辯苟免⓲耶！」蛇不能答，鴆食之。夫昆蟲不可以有心，況人乎！

【注釋】❶鴆　鳥名。詳見「題解」。❷蛇　指毒蛇。❸毒子　認為您有毒。❹以食我也　就是因為您喜歡吃我。古人認為鴆本身無毒，因喜歡吃毒蛇，所以自身也就染上了毒。❺亡　通「無」。沒有。❻指我　說我。❼嚙　咬。❽審　明白；知道。❾畜　養。❿疾惡　痛恨壞東西。疾，痛恨。⓫兵　兵器。⓬疾惡得名　因痛恨、喫掉你們這些壞東西而得到了有毒的壞名聲。⓭吾所為能後其身也　我的行為可以算是不看重自我了。後其身，把自身放在其他人之後。即不重視自身。⓮甘　甘心接受。⓯盱睢　抬著頭睜著眼。盱，睜大眼睛。睢，仰視的樣子。⓰草莽　野草叢中。莽，叢生的草木。⓱伺人　伺機咬人。⓲苟免　以不正當的手段求免。這裡指想用花言巧語逃避一死。

【語譯】鴆與毒蛇相遇了，鴆便跑上前去啄食毒蛇。於是毒蛇對鴆說：「世人都說您有毒啊。有毒，那可是一個壞名聲。您之所以落下這樣一個壞名聲，就是因為喜歡吃我。您如果不吃我就不會有毒，沒有毒而您的壞名聲也就沒有了。」鴆笑著說：「你難道不毒害世人嗎？說我毒害世人，那是謊話。你毒害世人，是你故意要去咬人。我痛恨你故意咬人，所以要吃掉你以示懲罰。世人知道我能夠懲罰你，所以就餵養我以防備你，又知道是你的毒染上了我的羽毛肢體，所以才利用我的羽毛肢體去毒殺別人。我身上的毒，是來自你身上的毒。我是因為痛恨、啄食你們這些壞東西才惹上了壞名聲的。然而利用我的毒去殺人的，也是人啊。這就好比有人手持兵器去殺人一樣，究竟是兵器有罪呢？還是手持兵器的人有罪呢？那麼這就把不是我在毒殺人的道理，講得很清楚了，世人餵養我而不餵養你的原因也很清楚了。我本無心去害人，而是因為痛恨、啄食你們這些壞東西而得了一個壞名聲，因此人們願意使用我，我的這些行為可以說是不看重自身了，因為不看重自身而甘心承受壞名聲，這種壞名聲就不是真正的壞名聲。而你是有心在毒害人，你抬著頭睜大眼睛躲在野草叢中，尋找時機傷害人們以求自我快樂。今天你遇到了我，這是天意，而你卻還想用花言巧語躲過一死！」毒蛇聽了無言以答，於是鴆就把牠吃掉了。那些昆蟲和動物尚且不可有心去害人，更何況人呢！

【研析】在中國古代，有一種「論心不論事」的說法。意思是說，當判斷一個人是好是壞的時候，主要不是以他的行事結果為評判標準，而是以他的主觀動機為評判標準。

東漢的桓榮說過這樣一段話：「昔樂羊食子，有功見疑；西巴放麑，以罪作傅。」《後漢書．桓榮列傳》這段話講了兩個故事：戰國時的樂羊在魏國當將軍，為魏國率兵進攻中山國，中山人就把在中山做官的樂羊的兒子烹作肉羹送給樂羊，樂羊為表示自己攻佔中山的決心和對魏國的忠誠，竟然吃了一杯羹，並最終攻下中山，為魏國立了一大功。然而此後魏王卻不再信任他，認為樂羊「其子而食之，且誰不食」（《韓非子．說林上》），意思是說，樂羊既然能夠忍心吃自己的兒子，那麼他對誰會有仁慈之心呢？他能夠忠於君主嗎？「西巴」的全名叫「秦西巴」，春秋時他在魯國貴族孟孫那裡做官。有一次，孟孫打獵，抓到了一頭小鹿，就讓秦西巴把這頭小鹿送回去。一路上，小鹿的母親緊緊追隨著小鹿，不停地哀叫，秦西巴實在不忍心，就放掉了小鹿，讓牠們母子團圓。孟孫知道秦西巴竟敢私自放走了自己的獵物，大怒，當即趕走了秦西巴。但三個月以後，孟孫又恭恭敬敬地把秦西巴請了回來，讓他當了自己兒子的師傅。別人問孟孫為什麼要重用、提拔一個有罪的人，孟孫回答說：「他連一頭小鹿都那樣的愛護，怎麼會不愛護我的兒子呢？」《韓非子・說林上》樂羊為國建立了大功，卻受到了君主的猜疑；秦西巴沒有忠於職守，反而受到了主人的賞識。之所以會出現如此結果，就是因為人們是在「論心不論事」。

本文中的毒蛇和鴆雖然同樣毒害人，但毒蛇是有意地去咬人，而鴆卻是為了保護人而啄食毒蛇，結果使自己不幸也染上了毒，於是有人就利用鴆身上的毒去毒害別人，雖然鴆也在毒人，但牠是無心的。因此无能子的態度十分鮮明，讚揚鴆而痛恨蛇。

應該說，「論心不論事」的作法從主導方面來說是可取的。我們今天的人們在處理各類事件時，依然有意無意地遵循著這一原則，只要是無心犯罪，即使後果嚴重，也只是「過失罪」，會從輕處理；如果是故意犯罪，即使只搶劫了一毛錢，那也是「搶劫罪」，會從重懲罰。

當然最好還是做到良好的動機與圓滿的事功完美的統一，以一顆美好的心靈做出美好的事情。從前，有一頭熊十分忠於主人，當牠看到一隻蟲子叮在熟睡的主人臉上時，牠便憤憤不平地一掌打去，蟲子飛了，而主人卻被打得鼻青臉腫。這頭熊的主觀動機是愛護主人，可主人卻難以承受這樣的愛護。在我們的一生中，好心做壞事的情況難以完全避免，但我們應當盡力避免，更不能總是以主觀用心美好來為自己所做的錯事辯護。

# 答魯問第六 二篇

【題解】答魯問，回答魯的問題。魯，人名。姓氏、籍貫和生平均不詳，只知道他是无能子的從父之弟。所謂「從父」，指伯父或叔父，那麼魯也應該是无能子的叔父。无能子沒稱魯為叔父，原因可能有三：一是表示自謙，不便說叔父向自己求學；二是行文有誤，「從父之弟」應為「從父之子」；三是「弟」不是親弟，而是表弟、妻弟等。本篇分兩個部分，第一部分要求魯學習時要善於抓住根本，做到無私無欲。第二部分告誡魯要通過精神修養以達到適意的境界，不可以酒消愁。

## 一

无能子從父❶之弟魯❷求學於无能子。无能子曰：「何學？」曰：「學行學文❸。」无能子曰：「吾不知所以行，所以文，然前志❹中所謂聖人者，吾嘗偶觀之。其言曰：『行，行也，行其心之所善也。文，儀也，飾其所行之善也。』喪者本乎哀❺。哀，行也；齊縗之服❻，祭祀之具，文也。禮者本乎敬。敬，行也；升降揖讓❼，文也。樂者本乎和。和，行也；陶匏絲竹❽，文也。文出於行，行出於心，心出於自然。不自然則心❾生，心生則行薄❿，行薄則文縟⓫，文縟則偽，偽則亂，亂則聖人所以不能救也。夫總其根⓬者不求其末⓭，專其源⓮者不尋其流⓯，汝能證⓰以無心，還其自然，前無聖人⓱，上無玄天⓲，行與文在乎無學之中矣⓳。」

【章旨】本章認為學習要善於抓住根本，只要能做到無欲無私，就自然而然地具備了美好的品行和儀表。

【注釋】❶從父　伯父、叔父的通稱。❷魯　人名。詳見「題解」。❸文　文飾。這裡指禮儀、儀表。❹前志　從前的史書。志，記事的書或文章。❺喪者本乎哀　有喪事的人最根本的事情在於內心悲哀。❻齊縗之服　喪服。齊，通「齋」。粗布製的喪服。縗，被於胸前的麻布條。服三年之喪（臣為君、子為父、妻為夫）者用之。❼升降揖讓　泛指各種禮節。升，坐在尊貴的席位上。降，坐在卑下的席位上。揖讓，作揖謙讓。❽陶匏絲竹　泛指各種樂器。陶，陶製的樂器。如塤。匏，笙竽一類的樂器。絲，絃樂器。如琴瑟。竹，竹管樂器。如笛。❾心　這裡指多欲之心、私心。❿薄　不厚道；品行差。⓫文縟　禮儀繁雜瑣碎。縟，繁雜瑣碎。⓬總其根　抓住根本。總，繫結；抓住。根，根本。指無私無欲的「無心」狀態。⓭末　細枝末節。指禮儀、儀表。⓮專其源　專注於根源。「源」的含義與上句的「根」相同。⓯尋其流　研究其末流。「流」的含義與上句的「末」

相同。⑯證　證實。引申為真正做到。⑰前無聖人　忘記了從前的聖人。無，忘卻。⑱上無玄天　忘記了上面的蒼天。玄，蒼青色。形容天空的顏色。⑲行與文在乎無學之中矣　即使不學習，高尚的品行和優雅的儀表自然而然就具備了。

【語　譯】无能子伯父的弟弟名字叫魯，魯請求跟隨无能子學習。无能子問道：「你打算學習什麼？」魯說：「學習高尚的品行，學習高雅的儀表。」无能子說：「我不知道什麼是高尚的品行，也不知道什麼是高雅的儀表。然而從前的史書中記載了一些人們所說的聖人，我曾經偶爾翻閱了他們的言行。他們說：『所謂品行，就是思想行為，就是去做他們內心所認為的好事。所謂儀表，就是禮儀表現，就是去修飾他們所做的好事。』守喪之人最根本的事情就是要做到內心悲哀。內心悲哀，屬於品行；而穿著喪服，擺上各種祭祀用品，就屬於禮儀表現。講禮的根本在於尊敬對方。尊敬對方，這屬於品行；而安排尊卑座位、作揖謙讓，就屬於禮儀表現。音樂的根本作用在於使人際關係和諧。人際關係和諧，這屬於品行；而演奏各種樂器，就屬於禮儀表現。高雅的儀表出於高尚的品行，高尚的品行出於崇高的思想境界，而崇高的思想境界則出於人的自然天性。失去了自然天性就會產生私心，有了私心而品行就不會厚道，品行不厚道就會去制定繁瑣的禮節，有了繁瑣的禮節而人就會變得虛偽，人一旦變得虛偽而社會就會混亂，社會一旦混亂起來，就連聖人也沒有辦法挽救啊。要善於抓住事情的根本而不必去研究它的細枝末節，要專注於事情的根源而不必去探尋它的末流。你如果真正能夠做到無思無慮、無私無欲，能夠恢復自己的自然天性，既忘卻了從前的聖人，又忘卻了上面的蒼天，即使不去學習什麼，而高尚的品行和高雅的儀表也能自然而然地具備了。」

## 二

魯他日❶又問曰：「魯嘗念未得❷而憂，追已往❸而悲，得酒酣醉，陶然❹不知，今則不能忘乎酒矣。」无能子曰：「汝之憂，汝之悲，自形乎？自心乎？」曰：「自心。」曰：「心可覩乎？」曰：「不可覩。」无能子曰：「不可覩者，憂悲之所生也。求憂悲之所生，且不可覩，憂悲何寄❺哉？憂悲無寄，則便汝遂其未得❻，還其已往❼，又將誰付耶？今汝隨❽而悲憂之，是欲繫風擒影也。汝無憂悲之所寄❾，而有味酒之陶然❿，不能自得⓫，反浸漬於麴蘖⓬，豈釀器⓭乎！」

【章旨】本章認為人心（思想）是看不見摸不著的，是空靜的，而有人卻硬是從中生出許多煩惱來，這實在是庸人自擾。

【注釋】❶他日　後來有一天。❷未得　沒有實現的理想或想得到而沒能得到的東西。❸追已往　懷念往事。追，追念；懷念。❹陶然　醉酒之後無憂無愁的樣子。❺何寄　寄託在何處。❻遂其未得　實現自己過去未曾實現的願望。遂，順利做到；實現。❼還其已往　恢復過去的往事。❽隨　指隨著外物，受外物的牽扯。❾所

寄　所寄託之處。指心、思想。⑩味酒之陶然　體會到了飲酒的快樂。味，品味；體會。⑪自得　自覺得意。這裡指通過精神修養以達到靜心適意。⑫麴櫱　酒母。代指酒。⑬釀器　釀酒的器具。這裡指酒桶。

【語　譯】後來有一天，魯又向无能子問道：「我曾經因為想到未曾實現的願望而深感憂傷，因為回憶往事而深感悲哀，當我飲酒酣醉以後，便無思無慮快樂無比而忘記了所有的煩惱，如今我就再也無法戒酒了。」无能子問：「你的憂傷，你的悲哀，是來自你的形體呢？還是來自你的思想呢？」魯說：「來自我的思想。」无能子又問：「思想這種東西可以看得見嗎？」魯說：「無法看見。」无能子說：「無法看見的思想，是你憂傷悲哀的產生之處。尋求一下產生憂傷悲哀的思想，尚且無法看到，那麼你的憂傷悲哀又寄託在哪裡呢？既然連憂傷悲哀的情緒都沒有一個寄託之處，那麼即使你實現了自己的願望，恢復了過去的往事，你又能把這些東西寄放在哪裡呢？如今你追隨著外物並為此而憂傷悲哀，這種作法如同捕風捉影那樣徒勞無益啊。你既然沒有寄託憂傷悲哀的地方，卻能體會到飲酒後的快樂，這說明你不能通過精神修養以達到自我適意的境界，反而把自己浸泡在酒水之中，你難道就是一只酒桶嗎！」

【研　析】本篇共分兩個部分。第一部分主要講高尚的品質與高雅的儀表之間的關係，並指出所謂的高尚品質就是指無私無欲的精神境界。我們主要分析第二部分，因為飲酒是不少文人的愛好，那麼文人為什麼愛飲酒呢？

我們在〈宋玉說〉的「研析」中講過，人生有許多苦難，面對人生苦難，有許多不同的解決辦法。其中莊子提出了「坐忘」（《莊子・大宗師》）的主張，也就是要求人們不僅要忘記客觀世界的一切，還要忘記自己的肢體、視聽和思維，達到一種無思無慮的精神狀態。無思無慮了，自然也就無憂無愁了。

但是要想達到「坐忘」的境界談何容易，因為這需要艱苦的精神修煉。我們一般人很難使自己的知覺一直處於麻木、無思的狀態，而「此情無計可消除，才下眉頭，卻上心頭」（李清照〈一剪梅・紅藕香殘玉簟秋〉）才是大多數人身處愁苦中的心態。既不需艱苦的精神修煉，又能達到「坐忘」的境界，這才是兩全其美的辦法，聰明的文人很容易就找到了這種辦法，那就是飲酒。魏晉之交時的劉伶曾寫過一篇〈酒德頌〉，把自己醉後無憂無慮、快樂無比的感受描寫得淋漓盡致。陶淵明隱居後的心情並不平靜，因為他一生中的兩大思想矛盾始終無法解決，那就是希望建功立業而又不得不退隱田園的出處矛盾和希望長生而又不得不走向死亡的生死矛盾。這兩大矛盾時時刻刻在煎熬著他的心靈，給他帶來了巨大的痛苦，而解決這些矛盾的唯一辦法就是借酒解愁，以期在醉鄉中進入一種物我兩忘的境界。這種飲酒的目的在他的〈雜詩〉、〈連雨獨飲〉等詩中表達得十分清楚。李白也高唱著「五花馬，千金裘，呼兒將出換美酒，與爾同銷萬古愁」（〈將進酒〉）的悲歌，李清照雖為女子，也懂得「故鄉何處是？忘了除非醉」（〈菩薩蠻・風柔日薄春猶早〉）的道理，號稱江南才子的唐伯虎也自稱是「余也隱於酒」（〈菊隱記〉）。元代有一首無名氏的散曲，用通俗的語言把醉後的美妙感受描寫得十分生動，題目是〈雙調蟾宮曲・酒〉：

> 酒能消悶海愁山。酒到心頭，春滿人間。這酒痛飲忘形，微飲忘憂，好飲忘餐。一個煩惱人乞惆似阿難，才吃了兩三杯可戲如潘安。止渴消煩，透節通關，注血和顏，解暑溫寒。這酒則是漢鍾

離的葫蘆，葫蘆兒裏救命的靈丹。

可見只要躲進酒鄉，一切現實問題都能「迎刃而解」，所以散曲的作者稱酒是神仙葫蘆裡的、能消除一切苦難的靈丹妙藥。

本篇中的魯就像大多數的文人那樣，以酒解愁，以至於快要把自己變成了一個酒桶。而无能子則與莊子的思想相似，主張通過對「心」的修養，以達到「無心」的狀態，既然連「心」都沒有了，又哪裡會從「心」中生發出許多的憂愁呢？

# 第七　闕

# 紀見第八　三篇

【題解】紀見，記載自己的所見所聞。紀，通「記」。記載。本篇記載了作者所親歷的三件事。第一件是通過與幻人的交談，悟出了人應做到忘我、修德的道理。第二件事是勸阻景氏不要去傷害貓頭鷹，提出了許多很有見地的思想。第三件是寫作者與一位瘋人的交往，並藉這位瘋人之口，對人們司空見慣的名教禮樂制度的合理性提出了大膽的質疑。

## 一

秦市幻人❶，有能烈鑊膏❷而溺❸其手足者，烈鑊不能壞❹，而幻人笑容焉。无能子召而問之。幻人曰：「受術於師，術能却❺火之熱。然而訣❻曰：『視鑊之烈，其心先忘其身。』手足枯栟❼也，既忘枯栟手足，然後術從之❽。悸則術敗❾。此吾所以得之❿。」无能子顧謂其徒⓫曰：「小子，志之⓬，無心於身，幻人可以寒⓭烈鑊，況上德⓮乎！」

【章旨】本章說明只有忘卻自我，事業才能成功。

【注　釋】❶秦市幻人　秦地集市上能玩幻術的人。秦，地名。指今陝西省。陝西省先秦時屬秦國。幻人，能作幻術的人。類似後世的魔術師。❷烈鑊膏　把大鍋裡的油燒得沸騰起來。烈，火燒。鑊，大鍋。膏，油。❸溺　沉沒。❹壞　燙壞。❺却　消除。❻訣　祕訣。❼枯栟　枯樹枝。栟，樹木被砍伐後新長出的枝條。❽從之　隨之發揮作用。❾悸則術敗　一旦害怕，幻術表演就會失敗。❿所以得之　能夠成功的原因。得，能夠。⓫顧謂其徒　回頭對他的弟子說。顧，回頭。徒，弟子。⓬小子二句　年輕人，要記住這件事。小子，年輕人。指弟子。志，記住。⓭寒　使動用法。使……寒冷。⓮上德　最高尚的品德。指自然恬靜、無私無欲。

【語　譯】秦地的集市上有許多作幻術的人，有的能夠把自己的手足放進烈火燒開的油鍋之中，而沸騰的油卻不能燙壞他的手足，作幻術的人還笑容滿面。无能子就把作幻術的人請來詢問其中的原因。那位作幻術的人說：「這一幻術是從師傅那裡學到的，這種幻術能夠消除烈火的炎熱。然而也還有祕訣，祕訣說：『當看到火熱的油鍋時，首先要忘掉自我。』不僅要把自己的手足視為枯樹枝，還要把這枯樹枝一樣的手足也忘掉，然後幻術才能發揮作用。一旦心中有了恐懼之感，幻術就會失敗。這就是我能夠成功的原因。」无能子回過頭來對他的弟子們說：「年輕人，一定要記住這件事，只要忘卻了自身，作幻術的人就能夠使火熱的油鍋變冷，更何況能夠具備最崇高的精神境界呢！」

## 二

无能子寓於秦村❶景氏❷民舍。一夕梟❸鳴其樹，景氏色憂❹，將彈❺

之，无能子止之。景氏曰：「梟，凶鳥也。人將家凶❻則來鳴，殺之則庶幾❼無凶。」无能子曰：「人之家因其鳴而凶，梟罪也。梟可凶人❽，殺之亦不能弭其已凶❾。將凶而鳴❿，非梟忠而先示於人耶？凶不自梟⓫，殺之害忠也。矧自謂人者⓬，與夫毛群⓭羽族⓮，俱生於天地無私之氣。橫目方足⓯，虛飛實走⓰，有所異者，偶隨氣之清濁厚薄⓱，自然而形也，非宰於愛憎者也⓲。誰令梟司⓳其凶耶？諡梟之凶⓴，誰所自耶㉑？天地言之耶？梟自言之耶？天地不言，梟自不言，何為必其凶㉒耶？諡梟之凶，不知所自，則羽儀五色㉓、謂之鳳㉔者未必祥，梟未必凶。」景氏止，家亦不凶。

【章　旨】本章認為貓頭鷹的鳴叫並不會給人們帶來災難，並用嚴密的邏輯分析，說服景氏不要殺害在其門前鳴叫的貓頭鷹。

【注　釋】❶秦村　村莊名。❷景氏　一位姓景的人。名字、生平不詳。❸梟　鳥名。也作「鴞」。俗稱貓頭鷹。❹色憂　表情憂愁。古人認為貓頭鷹在誰家門前鳴叫，誰家就會發生災難，因此景氏憂愁。❺彈　用彈弓打。❻人將家凶　一本作「人家將凶」。人家將有凶事。❼庶幾　也許可以。❽凶人　使人有凶事。❾弭其已凶　消除已經形成的凶事。弭，停止；消除。❿將凶而鳴　如果是人家將要出現凶事而貓頭鷹前來鳴叫。⓫凶不自梟　凶事的發生不是起因於貓頭鷹。⓬矧自謂人者　何況我們這些自稱為「人」的人們。矧，何況。⓭毛群　指長毛的獸類。⓮羽族　指長有羽毛的鳥類。⓯橫目方足　指人。人的眼睛是橫向的，腳是長方形的。⓰虛飛實走　在天空飛翔的鳥和在地上奔跑的野獸。虛，天空。實，實地；地上。走，奔跑。⓱偶隨氣之清濁厚薄　是由於偶然的原因，接受到清濁厚薄不同的氣而形成的。古人認為，萬物都是由氣形成的，氣有清濁厚薄的不同，於是就形成了不同的物體。⓲非宰於愛憎者也　並非因為氣的愛憎感情去決定的。宰，主宰；決定。⓳司　掌管。⓴諡梟之凶　把貓頭鷹稱為凶鳥。諡，稱作；號稱。㉑誰所自耶　出自誰之口。自，出自。㉒必其凶　肯定牠就是凶鳥。㉓羽儀五色　具有五色的羽翼。羽儀，即羽翼。這是對鳳凰的描寫。㉔鳳　傳說中的瑞鳥。

【語　譯】无能子住在秦村一戶姓景的民舍裡。一天晚上，一隻貓頭鷹在他家的樹上鳴叫，那位姓景的人滿面憂愁，準備用彈弓打死那隻貓頭鷹，无能子勸阻了他。那位姓景的人說：「貓頭鷹，是一種凶鳥啊！人家將發生凶禍，牠就會來鳴叫，打死牠也許可以消除凶禍。」无能子說：「如果一戶人家確實是因為牠的鳴叫而發生凶禍，那貓頭鷹就真是有罪了。如果貓頭鷹能夠使人發生凶禍，那麼即使打死牠也無法消除業已形成的凶禍。如果是一戶人家將要發生凶禍而牠才來鳴叫，那麼貓頭鷹難道不是一種忠於人們、預先給人報信的好鳥嗎？既然凶禍不是來自貓頭鷹，那麼殺死牠也就是傷害了忠誠之鳥。更何況我們這些自稱為『人』的人們，與那些獸類和鳥類，都同樣產生於天地之間的無私無欲的陰陽二氣，人長著橫向的眼睛和長方形的腳，鳥在天上飛翔，獸在地上奔跑，模樣雖然有所不同，但只是因為偶然的原因，各自接受到了清濁厚薄不同的氣，然後自然而然地形成了不同的模樣，並非決定於氣的愛憎之情。是誰命令貓頭鷹去掌管凶禍呢？貓頭鷹的凶鳥稱號，又是出自誰的口中呢？是天地說的嗎？是貓頭鷹自己說的嗎？天地沒有說過，貓頭鷹自己也沒有說過，那麼為什麼就能肯定貓頭鷹是一種凶鳥呢？既然不知道貓頭鷹的凶鳥稱號究竟是出自誰的口中，那麼具有五彩羽翼、被叫作『鳳』的鳥就未必是一種吉祥之鳥，而貓頭鷹也未必就是一種凶鳥。」那位姓景的人聽後就不再去傷害貓頭鷹了，而景家也沒有發生什麼凶禍。

## 三

樊氏之族有美男子，年三十，或被髮疾走❶，或終日端居不言。言則以羊為馬，以山為水。凡名一物，多失其常名❷。其家及鄉人狂之❸，而不之錄❹焉。无能子亦狂之。

或❺一日，遇於蓊翳間❻，就❼而歎曰：「壯男子也，貌復豐碩❽，惜哉病如是！」狂者徐❾曰：「吾無病。」无能子愕然❿曰：「冠帶不守⓫，起居⓬無常，失萬物之名，忘家鄉之禮，此狂也，何謂無病乎？」狂者曰：「被冠帶，節⓭起居，愛家人，敬鄉里⓮，豈我自然⓯哉？蓋昔有妄作者[16]，文之[17]以為禮，使人習之至於今。而薄醪固醇酎也[18]，知之而反之者[19]，則反以為不知[20]，又名之曰『狂』。且萬物之名，亦豈自然著[21]哉？清而上者曰天，黃而下者曰地，燭[22]晝者曰日，燭夜者曰月，以至風雲雨露、煙霧霜雪，以至山嶽江海、草木鳥獸，以至華夏夷狄[23]、帝王公侯，以至士[24]農工商、皁隸臧獲[25]，以至是非善惡、邪正榮辱，皆妄作者彊名之也。人久習之，不見其彊名之初，故沿之而不敢移焉。昔妄作者或[26]謂清上者曰地，黃下者曰天，燭晝者曰月，燭夜者曰日，今亦沿之矣。彊名自人[27]也，我亦人也，彼人何以[28]彊名，我人胡為[29]不可哉？則冠帶起居，吾得以[30]隨意取捨；萬狀之物，吾得以隨意自名。狂不狂吾且不自知，彼不知者，狂之亦宜矣[31]！」

【章旨】本章通過狂人之口，說明萬物的名稱都是人們主觀確定的，各種禮儀制度也是人們主觀制定的，不存在必然的正確性，因此不去遵守它們是完全可以的。

【注釋】❶或被髮疾走　有時披散著頭髮快步奔跑。或，有時。被髮，披散著頭髮。疾，快。走，跑。❷常

名　本名。❸狂之　認為他瘋了。狂，瘋。❹不之錄　即「不錄之」。不理睬他。錄，錄用。引申為理睬。❺或有。❻蘙翳間　樹林深處。蘙，草木叢生的樣子。翳，遮蔽。指林木茂盛，遮天蔽日。❼就　接近；走近。❽豐碩　豐滿而高大。碩，高大。❾徐　慢慢地。❿愕然　吃驚的樣子。⓫冠帶不守　衣帽不整。帶，衣帶。代指衣服。⓬起居　生活。⓭節　節制；有規律。⓫鄉里　指鄉親。⓯自然　自然天性。⓰妄作者　胡亂做事的人。⓱文之　對人們的行為加以文飾、規範。文，文飾；規範。⓲而薄醪固醇酎也　而味道薄的酒和味道濃的酒本來都是酒。醪，濁酒。固，本來就是。醇酎，經過多次釀造的醇酒。狂者認為薄醪和醇酎本來都是酒，而人們硬是給它們取了不同的名稱以區別其高低貴賤，以此來比喻本來都是人，而有人硬是發明出不同的名號以區別人的高低貴賤。⓳知之而反之者　知道這一點而反對人們如此區分貴賤的人。之，第一個「之」代指「薄醪固醇酎」，第二個「之」代指人們硬把「薄醪」和「醇酎」分出貴賤的作法。⓴則反以為不知　反而被人們認為是不懂事。㉑著　加……之上；安排。㉒燭　照耀。㉓華夏夷狄　中國和異族地區。華夏，中原地區；中國。夷狄，泛指異族地區。古人稱東方異族為「夷」，北方異族為「狄」。㉔士　讀書人。㉕皁隸臧獲　四種奴隸名。皁，奴隸的一個等級。隸，奴隸的一個等級。臧，男奴隸。獲，女奴隸。㉖或　或許；如果。㉗自人　出自人。㉘何以　憑什麼。㉙胡為　為什麼。㉚得以　可以。㉛狂之亦宜矣　把我視為瘋子也是理所當然的。宜，理所當然。

【語　譯】樊氏家族有一位美男子，三十歲，他有時候披散著頭髮快步奔跑，有時候整天端坐在那裡不言不語。一旦講話總是把羊叫作「馬」，把山叫作「水」。大凡他叫出的事物名字，多與事物的本來名字不同。他家裡的人以及鄉親們都認為他是個瘋子，因而也就不去理睬他。无能子也認為他是個瘋子。

有一天，无能子與這位瘋人在樹林深處相遇了。无能子走近瘋子，十分惋惜地感歎說：「真是一個強壯的男子漢啊，容貌又是如此的豐滿高大，真可惜呀，竟然患上了這樣的病！」瘋人不慌不忙地回答說：「我根本就沒有病。」无能子吃了一驚，說：「你衣冠不整，生活毫無規律，忘記了萬物的名稱，忘掉了家鄉的禮節，這就是瘋了啊，怎麼能說沒有病呢？」瘋人說：「衣冠穿戴整齊，生活講究規律，愛護家人，尊敬鄉親，這些難道是我自然天性裡所固有的嗎？大概是從前那些胡亂作為的人，對人們的生活行為進行規範並以此為禮儀，然後讓人們學習這些禮儀，而且一直學到現在。薄酒和醇酒本來都同樣是酒，知道這一點而且反對用各種名號去區分酒的貴賤等級的人，反而被人們認為是不懂事，還給他們取了個名字叫『瘋人』。再說萬物的名稱，難道是大自然賦予的嗎？清虛而處於上邊的被叫作『天』，色黃而居於下面的被叫作『地』，白天普照大地的被叫作『日』，夜晚普照大地的被叫作『月』；還有『風雲雨露、煙霧霜雪』，還有『山嶽江海、草木鳥獸』，還有『華夏夷狄、帝王公侯』，還有『士農工商、皁隸臧獲』，還有『是非善惡、邪正榮辱』，這一切都是胡亂作為的人勉強取的名字。時間一久人們便習慣了這些名字，根本不知道當初為這些事物勉強取名的可笑情況，因此一直沿用這些名字而不敢更改。從前那些胡亂作為的人如果把清虛而處於上邊的叫作『地』，把色黃而處於下面的叫作『天』，把白天普照大地的叫作『月』，把夜晚普照大地的叫作『日』，如今的人們也會繼續沿用這些名字。這些勉強取出的名字都是出自人的口中，而我也是一個人，那些人憑什麼就可以勉強為萬物取名，而我為什麼就不可以也去勉強為萬物取名呢？那麼該如何穿戴衣冠，該如何安排生活，我也完全可以隨意取捨；千萬種形態各異的事物，我也完全可以隨意給它們取名。我瘋了還是沒瘋，連我自己都弄不清楚，那些不了解我的人把我視為瘋子，也是理所當然的事情。」

【研析】本篇共分三個部分。第一部分講的是「無心」問題，這一點在前面的篇章中多次談過。我們這裡主要分析第二部分「兩邊堵死」的辯論技巧與第三部分「倒行逆施」的思維方法。

在第二部分中，无能子認為貓頭鷹的叫聲不會給人們帶來災難，這說明了他具有一定的科學思想。而更值得我們注意的是他在說服景氏不要傷害貓頭鷹時所表現出來的辯論技巧。无能子分析說，如果是貓頭鷹的叫聲給人帶來了災難，那麼貓頭鷹已經叫了，即使打死牠也消除不了業已形成的災難；如果是因為將要發生災難而貓頭鷹前來鳴叫報信，那就說明牠是一種忠於人們的善鳥，打死牠自然是傷害了忠心耿耿的善鳥。這就是說，無論是否傷害貓頭鷹，對於是否發生災難都不起任何作用，相反，很可能會誤傷善鳥。這種「兩邊堵死」的勸說方法具有很強的說服力。

類似的例子遠在先秦時已經出現。據《戰國策》記載，戰國時秦國惠文王死後，其夫人秦宣太后與大臣魏醜夫產生了愛情，當太后即將去世時，因捨不得魏醜夫而下了一道命令：「我死之後，讓魏醜夫為我殉葬。」魏醜夫對此十分憂愁，於是庸芮就去勸說太后：「人死後如果無知，您又何必把自己心愛的人白白殺死呢？如果人死後有知，那麼先王（指太后的丈夫秦惠文王）早就在地下怒氣沖沖地等著您算賬，那時您哪裡還有機會和心思去與魏醜夫重續舊好呢？」這也是一種「兩邊堵死」的遊說技巧。也就是說，無論死後無知還是有知，讓魏醜夫殉葬都是沒有意義的。

正是因為這種方法的說服力極強，所以无能子說服了景氏，而庸芮也說服了太后。這一辯論方法至今仍有借鑑意義。

第三部分主要談「倒行逆施」的思維方式。這一部分的用意是在對人們司空見慣的名教禮樂、是非觀念的合理性提出大膽的質疑，但它客觀上啟示人們在考慮問題時，不妨也來一番「倒行逆施」。有時這種思維方法可能會為我們帶來新的感受和新的發現。蘇東坡《東坡志林》卷三記載了這樣一件事情：「昨日見泗倅陳敦固道言：『胡孫作人狀，折旋俯仰中度。細觀之，其相侮慢也甚矣。人言「弄胡孫」，不知為胡孫所弄。』」當人們耍猴玩的時候，猴子也在耍人玩。這使我們想起釣魚：一根釣絲，這頭繫著人，那頭繫著魚，既可以說是人釣魚，也可以說是魚釣人。當然您可以說，人釣走了魚的生命，而魚只釣走了人的時間。但仔細想想，魚釣走人的又何嘗不是生命呢？時間不就是生命嗎？

思想上可以「倒行逆施」，行為上也不妨如此。人們總喜歡佔有良田，而楚國名相孫叔敖和西漢名相蕭何卻只要貧瘠的土地（分別見《呂氏春秋・異寶》和《漢書・蕭何傳》），因為他們清楚地知道，只有貧瘠的土地，才沒有人去爭奪，他們的子孫才能長久佔有這些土地。唐代僧人布袋和尚寫了一首偈：

手捏青苗種福田，低頭便見水中天。六根清靜方成稻，退步原來是向前。

懂得「退步原來是向前」的道理，也就知道「倒行逆施」會給我們帶來許多意想不到的愉悅和好處。在一些特定的情況下，「倒行逆施」不失為一種很好的思維方式和行為方式。

第九 闕

第十 闕

# 固本第十一 四篇

【題解】固本，固守清靜無為這一根本原則。固，固守。本，指清靜無為這一根本原則。本篇分四個部分：第一部分責備聖人不該發明兵器和羅網，而發明兵器和羅網則屬於「有為」；第二部分提倡無私無欲地去愛護天下之人，而無私無欲則屬於清靜無為的主要內容；第三部分認為如果做到了清靜無為，就能夠獲得精神上的自由；第四部分主要是為世俗人不理解清靜無為這一思想而惋惜。這四個部分都緊緊圍繞「固本」這一主題而展開論述。

## 一

五兵❶者，殺人者也。羅網者，獲鳥獸蟲魚者也。聖人造之，然後人能相殺，而又能取鳥獸魚蟲焉。使之知可殺❷，知可取❸，然後制殺人之罪，設山澤之禁❹焉。及其衰世❺，人不能保父子兄弟，鳥獸魚蟲不暇育麛鹿鯤鮞❻，法令滋彰❼而不可禁，五兵羅網教之也。造之者復出❽，其能自已❾乎？

【章旨】本章寫聖人發明兵器和羅網的最初動機雖然是好的，但客觀上卻造成了社會的動亂。

【注釋】❶五兵　泛指各種兵器。關於五兵的說法不一，一說指矛、戟、鉞、楯、弓矢，一說指矛、戟、弓、劍、戈。❷可殺　該殺。指該殺的人。❸可取　應該獵取。指應該獵取的鳥獸。❹設山澤之禁　制定了春季不許進入山澤漁獵的禁令。澤，聚水的窪地。古人為了保護鳥獸魚鱉的繁殖，往往禁止人們春季漁獵。❺衰世　道德低下的時代。❻不暇育麛鹿鯤鮞　沒辦法生育小鹿、小魚了。不暇，顧不上；沒辦法。麛，小鹿。鯤鮞，魚子；小魚。本句指人們濫捕濫殺，使動物無法生育後代。❼滋彰　越來越明確。滋，更加。彰，顯明。❽復出　復活。❾自已　自我限制而不去胡作非為。也可理解為親自去制止這種混亂局面。

【語譯】各種兵器，是用來殺人的。各種羅網，是用來捕捉鳥獸蟲魚的。聖人們製造了這些東西，然後人們才能夠使用兵器相互殘殺，又能夠使用羅網去捕捉鳥獸蟲魚。為了使人們知道什麼樣的人該殺，什麼樣的鳥獸蟲魚可以捕捉，於是聖人隨後制定了殺人之罪，設置了春季不許入山澤漁獵的禁令。到了道德低下的時代，人們連自己的父子兄弟都不能保護，於是鳥獸蟲魚就沒有辦法生育小鹿、小魚等後代了。法令制訂得越來越明確，然而還是無法禁止人們的胡作非為，這都是因為各種兵器和羅網教給了他們胡作非為的方法。如果那些發明兵器、羅網的人能夠於今天復活，他們能夠克制自己而不去胡作非為嗎？

## 二

棺槨❶者，濟死甚矣❷。然其工❸之心，非樂於濟彼也，迫於利也❹。

欲其日售則幸死❺，幸死非怨於彼也，迫於利也。醫者樂病❻，幸其必瘳❼，非樂於救彼而又德彼❽也，迫於利也。棺槨與醫，皆有濟救，幸死幸生之心，非有憎愛，各諧其所欲❾爾。故無為之仁天下❿也，無棺槨與醫之利，在其濟死瘳病⓫之間而已。

【章旨】本章用生動的事例說明，一般人的思想行為往往為利益所左右，只有無私的愛才是一種真正的愛。

【注釋】❶棺槨　棺材。內棺叫「棺」，外棺叫「槨」。❷濟死甚矣　對死者的幫助太大了。濟，幫助。❸工　工匠。指做棺槨的木匠。❹迫於利也　受利益的驅動。迫，受迫於；被驅動。❺欲其日售則幸死　因為想每天都能賣出棺材而希望多死人。幸，希望。❻樂病　喜歡別人生病。❼幸其必瘳　還希望一定能夠治好別人的病。瘳，病癒。❽德彼　施恩德於別人。❾諧其所欲　滿足自己的欲望。諧，和合；滿足。❿無為之仁天下　用無私無欲的心去愛護天下之人。無為，指內心清靜，無私無欲。仁，愛。⓫濟死瘳病　幫助死者，治好病人。泛指救死扶傷、拯救百姓。

【語譯】棺材這種器物，對死者的幫助太大了。然而那些做棺材的工匠的本心，並非是樂於幫助死者，而是受利益的驅動才去做棺材。工匠們為了每天都能賣出棺材而希望多死人，他們希望多死人並非因為痛恨別人，同樣是受利益的驅動而產生如此想法。醫生喜歡人們生病，還希望自己一定能夠治好別人的病，醫生並非樂於救治別人、施恩德於別人，也是受利益的驅動才去治病救人。做棺槨的工匠和醫生，對別人都有所救助，但他們或希望人死去、或希望人病癒的用心，都不是出於對人的愛憎之情，而是為了滿足各自的欲望而已。因此只有無私無欲地去愛護天下之人，才不會去謀取做棺材、當醫生那樣的利益，其目的完全在於救死扶傷、拯救百姓這件事本身而已。

## 三

角觸蹄踏❶，蛇首蝎尾❷，皆用其所長也。審❸其所用故得防其所用而制❹之。是以所用長者，不如無用。食桑之蟲，絲其腸❺者曰蠶，以絲自舍曰繭❻；繭伏而化❼，於是羽❽而蛾焉。其稟也宜如此❾，猶獸之胎，鳥之卵，俱非我由❿也。智者知其絲可縷⓫，縷可織，於是烹而縷之，機杼⓬以織之，幅而繒之⓭，繒而衣之。

夫蠶自繭將為蛾也，非為乎人謀其衣而甘乎烹也。所以烹者，絲所累爾⓮。烹之者，又非疾⓯其蠶也，利所繫爾⓰。夫獸之胎，鳥之卵，蠶之繭，俱其所稟也。蠶所稟獨乎絲，絲必烹，似乎不幸也，不幸似乎分⓱

也。故無為者，無幸無不幸⑱，何分乎⑲！

【章旨】本章主張清靜無為，認為只有內心極為虛靜、無私無欲的人才能擺脫好壞命運對自己造成的精神束縛。

【注釋】❶角觸蹄踏　長角的動物就用角去觝觸對手，長蹄子的就用蹄子去踐踏對手。❷蛇首蠍尾　蛇用嘴去咬對手，蠍子用尾巴去螫對手。首，頭。這裡指嘴。蠍，蟲名。後腹狹長，末端有毒鉤，用來防敵和捕蟲。❸審　明白；知道。❹制　制服。❺絲其腸　腸內產生絲。❻以絲自舍曰蠒　用自己的絲做成的住所叫「繭」。舍，住所。蠒，同「繭」。❼蠒伏而化　蠶在繭中通過一段時間孵化就會發生變化。伏，通「孵」。孵化。❽羽　翅膀。用作動詞。長出翅膀。❾其稟也宜如此　牠的稟性也應該是這樣。稟，稟性；天賦的品性資質。宜，應該。❿俱非我由　即「俱非由我」。都不是由自己決定的。⓫縷　絲線。用作動詞。做成絲線。⓬機杼　織布機。杼，織布的梭子。⓭幅而繒之　織成一疋疋的絲織品。幅，布帛寬度。這裡用作動詞。織成一疋疋的絲綢。繒，絲織品的總稱。⓮絲所累爾　受到絲的拖累。⓯疾　痛恨。⓰利所繫爾　為了追求利益。繫，牽掛；追求。⓱分　宿分；命運。⓲無幸無不幸　沒有所謂的幸運，也沒有所謂的不幸運。⓳何分乎　哪裡還有什麼命運的概念呢。意思是說，內心徹底虛靜的人，根本不去考慮命運好壞的問題。

【語譯】長角的動物用角去觝觸對手，長蹄子的動物用蹄子去踐踏對手，蛇用嘴巴去咬對手，蠍子用尾巴去螫對手，這些動物都善於使用自己的長處。知道牠們所使用的長處，因此就能夠防備牠們的長處而制服牠們。所以喜歡使用自己長處的，倒不如不去使用。有一種食用桑葉、腸內產絲的蟲子，名字叫作蠶，蠶用自己的絲修造的住所叫作繭；蠶在繭中孵化一段時間後就會發生變化，於是就能長出翅膀變成蠶蛾。蠶的稟性也應該就是這樣，就好像獸類的胎生、鳥類的卵生一樣，都不是由牠們自己決定的。聰明的人知道蠶絲可以做成絲線，絲線可以用來織成綢緞，於是就烹煮蠶繭以抽出其中的絲線，然後用織布機進行紡織，織成一疋疋的絲織品，然後用這些絲織品做成衣服穿在身上。

蠶自己修造蠶繭是為了使自己能夠變成蠶蛾，並非為了解決人的穿衣問題而甘心情願去遭受烹煮。之所以被烹煮，是因為受到了自身產絲的連累。烹煮蠶繭的人們，也並非是因為痛恨蠶，不過是為了追求利益而已。獸類胎生，鳥類卵生，蠶類繭生，這都屬於牠們各自的稟性。而只有蠶的稟性能夠產絲，能夠產絲就必定會遭到烹煮，蠶似乎太不幸了，而這種不幸又似乎是牠注定的命運。因此只有那些內心徹底空靜、無私無欲的人，心中既無所謂幸運也無所謂不幸運，他們哪裡還會有命運好壞這些概念呢！

## 四

有為，善不必福，惡不必禍，或制於分焉❶，故聖人貴乎無為。垤蟻❷井蛙，示❸以虎豹之山、鯨鯢❹之海，必疑，孰❺其所見也。嗜欲世務之人，語以無為之理，必惑，宿於所習也❻。於是父不能傳❼其子，兄不能傳其弟，沉迷嗜欲，以至於死。還其元而無所生者❽，舉世無一人焉。

嗟乎！無為在我也，嗜欲在我也，無為則靜，嗜欲則作❾，靜則樂，作則憂。常人惑而終不可使之達❿者，所習癥之也⓫，明者背習焉⓬。

【章旨】本章要求人們不要沉溺於世俗欲望之中，要做到清靜無為。

【注釋】❶或制於分焉　也許是由命運決定的。或，也許。制，決定。分，命運。❷垤蟻　生活在小土堆裡的螞蟻。垤，蟻垤。螞蟻做窩時堆在穴口的小土堆。❸示　出示；告知。❹鯨鯢　魚名。即鯨魚。雄性的叫鯨，雌性的叫鯢。❺熟　熟習；習慣於。引申為受約束於。❻宿於所習也　受到學習內容的限制。宿，停止；安守。引申為受限制。❼傳　傳授。指傳授清靜無為的思想和行為。❽還其元而無所生者　恢復原有的自然天性而不產生任何世俗欲望。還，恢復。元，通「原」。指原有的天性。生，指產生世俗欲望。❾作　行動；追求。❿達　明白；醒悟。⓫所習癥之也　所學習的內容使他們的思想出了毛病。癥，腹中結塊之病。這裡引申為思想毛病。⓬明者背習焉　明智的人就是要反對世俗的教育內容。背，背叛；反對。

【語譯】主觀上想有所作為的人，做了好事不一定能夠得到善報，做了壞事也不一定能夠得到惡報，這也許是各自命運決定的，因此聖人最看重的還是清靜無為。生活在小土堆裡的螞蟻和生活在淺井中的青蛙，如果告訴它們虎豹藏身的大山和鯨鯢游蕩的大海，牠們一定會感到懷疑，因為牠們受到自己所見所聞的局限。滿腹欲望、熱衷於世務的人，如果告訴他們有關清靜無為的道理，他們一定會感到迷惑，因為他們受到自己所學內容的限制。於是父親不能把清靜無為的思想行為傳授給他的兒子，兄長也不能把清靜無為的思想行為傳授給他的弟弟，人們都沉迷於欲望之中，一直到死。能夠恢復自己的原有天性而不產生任何世俗欲望的人，整個天下也沒有一個。

嗟呼！是否能夠做到清靜無為全在於自己，是否能夠克制自己的欲望也全在於自己。做到了清靜無為就能靜下心來，充滿了欲望就會有所追求，靜下心來就會帶來快樂，有所追求就會帶來憂傷。一般的人非常糊塗，而且最終也沒辦法使他們醒悟的原因，就是他們所學習的內容使他們的思想出了毛病，而明哲的人是反對這些世俗學習內容的。

【研析】本篇說的「固本」的「本」，也就是〈明本〉說的「本」，即無為。本篇的第一部分反對製造兵器和羅網，第二部分反對謀利的行為，這都是在貫徹無為思想。而第三、四部分則都明確地提出了無為的宗旨。關於「無為」，我們在〈明本〉中已經分析過，所以這裡就僅對第二部分中「無為之仁天下」這一命題加以討論。

第二部分明確講到，做棺材的工匠對死者幫助很大，醫生對病人幫助很大，但這種幫助不是一種真正的仁愛，因為他們幫助別人是「迫於利也」，是為了通過幫助別人這一方式來謀取自己的私利。這類現象在社會上普遍存在，看似仁愛的行為中卻隱藏著強烈的謀利目的，看似無私的背後隱藏的卻是私心。儒家是主張真正的仁愛的，但由於統治者無法做到這一點，所以儒家在勸說統治者推行仁政時，往往同利益相聯繫，告訴他們只有對百姓仁慈，才會得到百姓的擁護，而得到百姓的擁護，是統治者能夠永遠當統治者的前提。正是由於這些原因，道家對儒家的仁愛思想頗有微辭，認為這種以利益交換為目的的仁愛不是一種真正的仁愛。

道家所主張的仁愛是不帶有任何功利目的的仁愛，《莊子》中就多次談到這一點：

相愛而不知以為仁。(〈天地〉)

澤及萬世而不為仁。(〈天道〉)

話講得非常清楚，那就是在施仁的目的方面，完全摒除功利性。也就是說，施行仁愛行為的人不從自己的行為中謀取任何好處，甚至自己施行了仁愛行為而自己還沒有意識到這就是仁愛行為。

本篇基本上是繼承了這一思想，認為任何帶有功利目的的仁愛行為都不是一種真正的仁愛行為，主張「無為之仁天下」。這裡說的「無為」，其具體內容就是沒有任何個人欲望和目的，這即文中說的「無棺槨與醫之利」。如果說無為者施行仁愛有目的的話，那這個目的就是仁愛本身。

无能子的這種仁愛思想是非常高尚的，但帶有理想化，在現實生活中很難實施。但這也並不意味著這種仁愛在現實生活中找不到它的一點影子。比如絕大多數的父母之愛都是無私的，基本符合「無為」的原則。再比如，當我們在街頭乞丐的面前放下一枚硬幣時，當我們為拉車上坡的車夫助一臂之力時，我們並沒有期盼著還有一天會得到這些乞丐和車夫的某種回報。這大概就是无能子提出「無為之仁天下」的一點人性基礎吧！

第十二闕

第十三闕

第十四闕

新譯李商隱詩選
新譯范文正公選集
新譯蘇洵文選
新譯蘇軾文選
新譯蘇軾詞選
新譯蘇轍文選
新譯曾鞏文選
新譯王安石文選
新譯唐宋八大家文選
新譯柳永詞集
新譯李清照集
新譯辛棄疾詞選
新譯陸游詩文選
新譯歸有光文選
新譯唐順之詩文選
新譯徐渭詩文選
新譯薑齋文集
新譯顧亭林文集
新譯納蘭性德詞
新譯方苞文選
新譯鄭板橋集
新譯袁枚詩文選
新譯李慈銘詩文選
新譯聊齋誌異選
新譯閱微草堂筆記
新譯浮生六記
新譯弘一大師詩詞全編

## 教育類

新譯爾雅讀本
新譯顏氏家訓
新譯聰訓齋語
新譯曾文正公家書
新譯三字經
新譯百家姓
新譯幼學瓊林
新譯增廣賢文・千字文
新譯格言聯璧

## 歷史類

新譯史記
新譯漢書
新譯後漢書
新譯三國志
新譯資治通鑑
新譯史記——名篇精選
新譯尚書讀本
新譯周禮讀本
新譯逸周書
新譯左傳讀本
新譯公羊傳
新譯穀梁傳
新譯春秋穀梁傳
新譯戰國策
新譯國語讀本
新譯說苑讀本
新譯新序讀本
新譯吳越春秋
新譯西京雜記
新譯列女傳
新譯越絕書
新譯燕丹子
新譯東萊博議
新譯唐六典
新譯唐摭言

## 宗教類

新譯金剛經
新譯高僧傳
新譯碧巖集
新譯百喻經
新譯楞嚴經
新譯梵網經
新譯圓覺經
新譯法句經
新譯六祖壇經
新譯禪林寶訓
新譯維摩詰經
新譯經律異相
新譯阿彌陀經
新譯無量壽經
新譯妙法蓮華經
新譯景德傳燈錄
新譯大乘起信論
新譯釋禪波羅蜜
新譯八識規矩頌
新譯永嘉大師證道歌
新譯華嚴經入法界品
新譯地藏菩薩本願經
新譯悟真篇
新譯无能子
新譯坐忘論
新譯列仙傳
新譯抱朴子
新譯神仙傳
新譯性命圭旨
新譯老子想爾注
新譯周易參同契
新譯道門觀心經
新譯養性延命錄
新譯樂育堂語錄
新譯沖虛至德真經
新譯長春真人西遊記
新譯黃庭經・陰符經

## 地志類

新譯山海經
新譯水經注
新譯佛國記
新譯大唐西域記
新譯洛陽伽藍記
新譯徐霞客遊記
新譯東京夢華錄

## 政事類

新譯商君書
新譯鹽鐵論
新譯貞觀政要

## 軍事類

新譯孫子讀本
新譯司馬法
新譯尉繚子
新譯三略讀本
新譯六韜讀本
新譯吳子讀本
新譯李衛公問對

## ◎新譯莊子讀本

張松輝／注譯

《莊子》是一部不可多得的奇書，對中國哲學、宗教、文學等都具有廣泛且深遠的影響。書中大量運用寓言、故事和比喻，將許多不易理解的抽象理論化為生動可感的藝術形象，讓讀者在吸收哲理之際，亦能獲得文學的美感與想像。本書在注譯與研析方面下了極大的工夫，以期做到注譯淺白、研析精闢的目標。尤其是將歷來相關學說、實例與《莊子》所言相互比較、論證，使讀者能深入體會莊子思想的精髓。